Prix : 50 centimes.

LIBRAIRIE DE MICHEL LÉVY FRÈRES
RUE VIVIENNE, 2 BIS.

Prix : 50 centime. s.

LES COCODÈS

VAUDEVILLE EN CINQ ACTES ET SIX TABLEAUX

PAR

MM. XAVIER DE MONTÉPIN ET JULES DORNAY

MUSIQUE NOUVELLE DE MM. THOMAS ET MARC CHAUTAGNE

REPRÉSENTÉ POUR LA PREMIÈRE FOIS, A PARIS, SUR LE THÉÂTRE DU LUXEMBOURG, LE 29 AVRIL 1865.

A M. GASPARI

Les Auteurs : XAVIER DE MONTÉPIN, — JULES DORNAY.

S'adresser, pour la musique, à M. THOMAS, chef d'orchestre, et pour la mise en scène, au Souffleur, tous deux au Théâtre.

— *Tous droits réservés.* —

PERSONNAGES

LE BARON DE SENSITIVE	MM.	DETROGES.
MOUCHAMIEL		MURRAY.
CINQUANTE-CENTIMES		DENIZOT.
DE VICHY GRAND-GRILLE		CHARLAY.
DE ROCHEPELÉ		BERNARDI.
POMPAVOINE		PERRON.
MALVIZÉ, restaurateur		
DEUXIÈME SPECTATEUR		MONVAL.
LE GARDIEN DU SQUARE		
LE CHEF D'ORCHESTRE		VERDIER.
UN SOMMELIER		
UN MARCHAND DE PROGRAMMES		
PREMIER GARÇON DE RESTAURANT		
PREMIER MONSIEUR		VIVIEN.
POLYDORE		
DEUXIÈME MONSIEUR		
PREMIER INDUSTRIEL		
PREMIER SPECTATEUR		DESCLÉE.
DEUXIÈME GARÇON DE RESTAURANT		
UN MARCHAND DE PROGRAMMES	MM.	GARGOUILLET.
UN MARCHAND DE COCO		ERNEST.
UN MARCHAND DE BILLETS		GEORGES.
UN GARÇON DE CAFÉ		ARMAND.
MAGNOLIA	Mmes	H. CAVALIÉ.
LA BARONNE DE SENSITIVE		MINNE.
ZIDORE, dit MON PRINCE		M. BRACHE.
PIMPRENELLE		LOUISA.
POPELINE		ANTONIA.
PAIMPONDOR		C. GUÉRARD.
DEUXIÈME INDUSTRIEL		
ZOÉ		JENNY.
ROSE		
UNE MARCHANDE DE JOURNAUX		
UNE DAME		EUGÉNIE.
UNE OUVREUSE		
TROISIÈME GARÇON DE RESTAURANT		
LE MÉNÉTRIER		ZOÉ.

INDUSTRIELS, MARCHANDS, JEUNES GENS, JEUNES FEMMES.

ACTE PREMIER

PREMIER TABLEAU

Les Exploits de Sensitive

Le square des Arts-et-Métiers, avec ses grilles, ses massifs de verdure, ses becs de gaz et ses kiosques. Au fond, les Arts-et-Métiers. A gauche, le kiosque d'une marchande de journaux. Bancs à droite et à gauche. Il fait nuit ; les becs de gaz sont allumés. Sur les deux becs de gaz faisant face au public, et dans un cadre, l'affiche du théâtre de la Gaîté : *Paris la Nuit. Clodoche, Flageolet, la Comète* et *Normandie* en très gros caractères.

SCÈNE PREMIÈRE

UNE MARCHANDE DE JOURNAUX, CINQUANTE-CENTIMES, UN MARCHAND DE PROGRAMMES, UN MARCHAND DE COCO, UN MARCHAND DE BILLETS, LE GARDIEN DU SQUARE, PREMIER INDUSTRIEL, DEUXIÈME INDUSTRIEL, PROMENEURS DES DEUX SEXES, GAMINS, etc.

LA MARCHANDE DE JOURNAUX.

Demandez... *la Patrie ! le Moniteur du Soir ! le Figaro-Programme !...*

LE MARCHAND DE PROGRAMMES.

L'Entr'acte !... Demandez... la pièce que l'on va jouer... Le nom des quatre fameux danseurs...

LE MARCHAND DE COCO, *agitant sa sonnette.*

A la fraîche !... Deux liards le verre ! rafraîchissez-vous, mes petites pratiques !

CHŒUR.

Air de *Jonas.*

Quand le plaisir de la nuit nous appelle
Dans ces jardins, en sortant du logis,
Foule du soir, joyeuse clientèle,
N'oublions pas nos marchands de Paris.
N'oubliez pas vos

(Cinquante-Centimes, entouré d'Industriels de différente nature, entre en scène.)

CINQUANTE-CENTIMES.

Oh ! vous savez, il ne faut pas m'appeler *parce que* je ne le suis pas plus que vous... Je n'ai pas eu de chance, voilà tout. J'ai fait les quatre coins de Paris sans gagner même un sou suisse...

PREMIER INDUSTRIEL.

Il te reste toujours ton truc ingénieux... tu sais bien ?...

DEUXIÈME INDUSTRIEL.

Oui, le truc qui t'a fait surnommer Cinquante-Centimes !...

CINQUANTE-CENTIMES.

Pourvu qu'il ne m'éclate pas dans les doigts, ce soir !...

LE GARDIEN, *passant.*

Circulez !... Circulez !...

PREMIER INDUSTRIEL.

Il nous ennuie, celui-là, avec ses circulations...

CINQUANTE-CENTIMES.

Oui, mon sergent... on circule ! *(Le Gardien s'éloigne.)*

SCÈNE II

LES MÊMES, POMPAVOINE.

POMPAVOINE, *entrant regardant sa montre.*

Sept heures ! Le marquis de Rochepelé ne tardera pas !

CINQUANTE-CENTIMES, *avisant Pompavoine.*

Un cocodès !... Voilà mon affaire ! En avant le petit truc aux cinquante centimes !...

POMPAVOINE, *regardant autour de lui.*

Je n'ai pas encore vu ma jolie marchande d'éventails !

CINQUANTE-CENTIMES, *à Pompavoine et très vivement.*

Monsieur ! au nom de la belle âme qui se peint dans vos yeux, ayez pitié d'un malheureux jeune homme prêt à se périr par ardeur.

POMPAVOINE.

C'est un fou !... *(Il va pour s'éloigner, Cinquante-Centimes se place devant lui.)*

CINQUANTE-CENTIMES.

Monsieur, je devine votre idée... Vous vous dites présentement : Ce petit monsieur, qui se fait l'honneur de m'adresser la parole a le cerveau détraqué !... Eh bien ! c'est une erreur... le cerveau est solide... c'est le cœur qui bat la breloque !... Je suis amoureux, mon digne monsieur...

POMPAVOINE.

Mais...

CINQUANTE-CENTIMES.

Vous n'êtes pas sans connaître celle que j'adore ! C'est une petite dame de théâtre !... C'est la célèbre Dodudindette, qui joue les Vénus dans les féeries du Châtelet et de la Gaîté !... et qui n'a rien de caché pour le public ! Je n'ai aucun espoir qu'elle consente jamais à couronner ma flamme... Je lui ai écrit plus de dix déclarations, on a été comme si je chantais... Je manque de chic... Je manque de pince-nez !... j'en ai pris mon parti, mais la vue de mon idole est plus nécessaire à mon existence que le pain quotidien... Voir Dodudindette ou casser ma pipe... Il n'y a pas de milieu... Aujourd'hui l'ouvrage a manqué... Je n'ai pas un sou dans ma poche pour acheter la moindre contre-marque... Prouvez la grande bonté de votre cœur... Secourez une victime de l'amour, payez-moi le paradis !

Air du *habit galant.*

Vous êtes bon, et je crois, n'est-ce pas,
Qu' vous n' voudrez pas vous r'procher mon trépas ?
Pitié, par grâce, ou pour ell' je trépasse !
Monsieur, dites-vous bien : Ce soir, cet être passe,
S'il n'a pas vu ce soir, pour se sauver d' la passe
Ce qu'il n'a pas, hélas ! et qui fait son trépas...

Vous êtes attendri... Soyez généreux... *(Il tend la main. Pompavoine fouille dans sa poche et lui tourne le dos en disant :)*

POMPAVOINE.

Je n'ai pas de monnaie...

CINQUANTE-CENTIMES.

Rien !... Pas de chance ! *(Cris des marchands. Le square se garnit de promeneurs.)*

ZIDORE, *au dehors.*

Ohé !... les autres !... Ohé !... Ohé !...

TOUS.

Ah ! le roi des petits métiers.

SCÈNE III

ZIDORE *entre vivement. Il porte des journaux et va au-devant des Gandins et des Dames qui traversent.*

ZIDORE. Oui, mes enfants, le roi des petits métiers, avec son grrrand boniment ! Voyez, mon prince, l'*Entr'acte* ! A vous, ma belle comtesse. Oh ! la jolie main !... Merci, mon Andalouse !... La pièce que l'on va jouer... Le nom et rôle des acteurs... prenez garde à votre robe, ma petite dame... il y a de l'eau... Merci, monsieur le baron... Du feu ! monsieur le comte... voici... Vous cherchez un coupé, mon prince !... non... Je suis tout à vos ordres... Le journal du soir, mademoiselle !... Voilà !... Oh ! le frais visage !... un peu de poudre pour votre londrès, mon marquis ; une, deux !... c'est fait ! toujours prêt à vous servir, mes belles dames ! Voici ! voici ! Vous n'avez pas de monnaie ? Vous me payerez ça tantôt... Vous me connaissez bien... Zidore, dit : Mon Prince, le grand chef des titis du boulevard !...

Air nouveau de M. Chautagne.

I

Titis, voilà notre commerce,
Journaux, contre-marques et feu ;
Qu'il fasse beau, qu'il pleuve à verse,
Faut fair' de tout pour vivre un peu.
Faut savoir ouvrir un' portière,
Tout voir, mais ne remarquer rien,
Pas mêm' la fill' de ma portière,
Qui s' trouv' mal pour que j' la sout' bien. (Bis.)
Amis, je le dis sans détour,

                    Le roi de la serre,
                    Au gai caractère,
                C'est le titi ti ti ti
                    C'est le ti ti ti,
                        C'est le titi
                Le titi du boulevard !

                        TOUS, EN CHŒUR.

                C'est le titi, etc.

                            ZIDORE.

                            II

                N' pas avoir sa langu' dans sa poche,
                Du titi c'est l' premier devoir.
                Être sans peur et sans reproche
                Et joyeux du matin au soir. (Bis.)
                Aux gandins parler des p'tit's dames,
                Aux p'tit's dam's parler des gandins,
                Savoir chanter surtout's les gammes
                Et distinguer les lions des daims...
                        Amis, etc.

                            III

                Être flâneur par habitude,
                Travailleur par nécessité,
                N'avoir fait pour unique étude
                Qu' cell' de la nope et d' la gaîté... (Bis.)
                Savoir l' nom des ru's qui s' dépavent,
                Et dans Paris, du haut en bas,
                Connaître tout c' que les femm's savent
                Et tout c' que les maris n' savent pas!!!
                        Amis, etc.

                    LE GARDIEN, paraissant.

Allons, circulez ! circulez !

                            ZIDORE.

Voilà, mon sergent! Les vieux de la vieille sont mes amours et mes chefs de file... On vous obéit!... Ouf!... ça marche la petite vente! ça marche!

                    CINQUANTE-CENTIMES.

Quand il est ici celui-là, il n'y en a que pour lui !

                            ZIDORE.

Faites comme moi! ne montez jamais de coups à vos clients, ayez les mains propres, des paroles au miel, comme le savon anglais, et surtout soyez gracieux avec les dames ! Mes enfants, le meilleur moyen d'arriver, c'est par les femmes ! (A Cinquante-Centimes.) Sais-tu ce que c'est qu'une jolie femme?

                    CINQUANTE-CENTIMES.

Est-il bête ! c'est une belle femme, parbleu !

                            ZIDORE.

Non ! c'est autre chose ! c'est le chef-d'œuvre de la nature! c'est l'ivresse! c'est l'amour! c'est le bonheur! c'est tout!... Oh! les femmes... quel grog américain ! (A un monsieur.) Le Figaro-Programme, mon prince! Voici!...

                    PREMIER INDUSTRIEL.

A-t-il une veine !

                            ZIDORE.

Je suis né coiffé... tout le monde me connaît et tout le monde m'achète ! Zidore par-ci! Zidore par-là!... Les Cocodès ont mon nom sur leurs lèvres et les femmes l'ont dans le cœur !

                            TOUS.

As-tu fini !...

                    CINQUANTE-CENTIMES.

Pus que ça de fatuité! oh! la la !

                            ZIDORE.

C'est vrai qu'elles m'idolent, les femmes, mais je le leur rends bien à ces pauvres chattes ! Voyez-vous, j'ai toujours eu une toquade, une marotte! un vertigo! c'est de porter un pince-nez, des gants rouges, des cols carcan, et de me dire : Je pourrai voir le monde! je pourrai être l'ami des femmes. Oh! coquin d' sort! coquin d' sort! j'voudrais-t'y être cocodès !

                    CINQUANTE-CENTIMES.

Dis donc, quand tu seras cocodès, fais-moi ton larbin?

                            ZIDORE.

Je te le promets, tu seras mon groume...

                    CINQUANTE-CENTIMES.

Et j'aurai une culotte blanche, avec un gilet de panne et des bottes à entonnoirs jaunes?

                            ZIDORE.

Tu seras dans la panne jusqu'au cou, et tu auras des bottes... (Chantant et dansant.) Ah! il a des bottes, il a des bottes, bottes, bottes!

                    CINQUANTE-CENTIMES.

Vrai?...

                            ZIDORE.

Parole! (On rit. A une dame.) Le Figaro-Programme, voici, ma comtesse!

                    CINQUANTE-CENTIMES, aux autres industriels.

Il manque de comme il faut... c'est malheureux !

                    PREMIER INDUSTRIEL.

Oh! si c'était toi !

                    CINQUANTE-CENTIMES.

Je t'écoute !...

                    ZIDORE, à Cinquante-Centimes.

Tu n'as pas vu Pimprenelle?

                    CINQUANTE-CENTIMES.

La marchande d'éventails ?...

                            ZIDORE.

Oui, la violette de mon cœur! celle qui le fait flamber pour le bon motif, amour bâti sur marbre et non sur pilotis. (A un monsieur qui passe.) Du feu, monsieur le comte? (Allumant une allumette sur sa cuisse.) C'est fait ! Le monsieur passe.) Tiens, cette allumette-là... c'est l'image de ma passion pour Pimprenelle.

                    CINQUANTE-CENTIMES.

Prends garde! tu vas te brûler !...

                            ZIDORE.

Jamais ! (Il disparaît dans le jardin.)

                    CINQUANTE-CENTIMES, avisant un monsieur.

Ah! (Au monsieur.) Monsieur, au nom de la belle âme qui se peint dans vos yeux, ayez pitié d'un malheureux jeune homme! (Le monsieur lui tourne le dos et sort.) Ils me tournent tous le dos ! (Il s'éloigne.)

                    POMPAVOINE, regardant sa montre.

Sept heures et demie!... De Rochepelé ne vient pas!... sapristi !... c'est vexant ! si c'est en me faisant aller comme ça qu'il prétend me lancer dans le monde et me faire faire un brillant mariage!... c'est peu drôle ! (Apercevant Rochepelé qui paraît au fond.) Ah! enfin.

                    SCÈNE IV

POMPAVOINE, DE ROCHEPELÉ, PROMENEURS, INDUSTRIELS.

                    ROCHEPELÉ, entrant.

Ah! ce cher Pompavoine ! Mille pardons, très-bon, si je vous ai fait un peu attendre!... que voulez-vous !... Des courses à l'infini !

                    POMPAVOINE.

Ah !

                    ROCHEPELÉ.

Je m'occupais de vous !... ah! très-cher !... Il faut vous lancer, et je vous lancerai ! Vous voulez épouser une Parisienne, je vous en trouverai une et une bonne ! je vous en réponds ! Quand vous retournerez à Palaiseau vous serez marié et... content !... (Changeant de ton.) Vous avez là des gants d'une couleur déplorable ! ôtez-moi donc ça... vite, vite ! nous en achèterons deux douzaines chez Jouvin !... (Il met tout en parlant les gants que Pompavoine retire.) Avez-vous pris des places pour Paris la Nuit?

                    POMPAVOINE.

Oui. (Il lorgne à droite et à gauche.)

                    ROCHEPELÉ.

Très-bien !... Tiens, vous gantez comme moi... c'est incroyable ! Dites donc, la grande pièce ne commence qu'à huit heures... nous avons le temps de fumer un londrès... Mais que regardez-vous donc là-bas?

                    POMPAVOINE, lorgnant toujours.

Hum !... rien!

ROCHEPELÉ.

La jolie marchande d'éventails, Pimprenelle, je parie!...

POMPAVOINE.

Eh! bien, oui.. j'en raffole!

ROCHEPELÉ.

Folie, mon cher, vous ne pouvez épouser cette petite.

POMPAVOINE.

Cependant...

ROCHEPELÉ.

Laissez-moi vous donner une compagne de ma main... je m'y connais, que diable! vous me remercierez! *(Ouvrant son porte-cigares.)* J'ai oublié d'en prendre... avez-vous un cigare?

POMPAVOINE, *lui donnant un cigare.*

Voici!... mais cependant... cette petite fille!...

ROCHEPELÉ.

Nous en recauserons! *(Ils se perdent un instant dans les groupes en causant.)*

SCÈNE V

LES MÊMES, SENSITIVE en costume de garde national à cheval, puis CINQUANTE-CENTIMES.

SENSITIVE, *regardant à sa montre.*

Huit heures moins vingt-cinq...

CINQUANTE-CENTIMES, *allant à lui.*

Héroïque défenseur de la patrie! au nom de la belle âme qui se peint dans vos yeux! ayez pitié...

SENSITIVE.

Ah! ah! je la connais celle-là!... dix sous pour aller voir Dodudindette. *(Lui donnant une pièce de monnaie.)* Voici tes dix sous... et... laisse-moi! j'ai le système nerveux très-délicat et tu m'agaces!

CINQUANTE-CENTIMES.

Oh! bourgeois, c'est pour elle!... *(Sortant.)* Je vais m'enfiler un petit verre.

SENSITIVE, *fouillant dans sa poche.*

Je n'ai pas oublié ma loge d'avant-scène?.. non, la voici. C'est que Magnolia ne rirait que tout juste! j'ai le temps de changer de costume... *(Il va pour sortir et se trouve en face de Rochepelé.)*

ROCHEPELÉ.

Eh! mais, si je ne m'abuse, ce cher baron?

SENSITIVE.

Ce cher marquis!

ROCHEPELÉ.

En garde national!

SENSITIVE.

Je n'en ai pas l'air, n'est-ce pas?.. mais, néanmoins, c'est moi!..

ROCHEPELÉ.

Comment se fait-il?

SENSITIVE.

Mon ami, vous pourriez être bête! mais vous ne l'êtes pas! et vous devez comprendre que l'habit de garde national est le travestissement qui doit le mieux cacher les fredaines d'un gentilhomme en puissance de femme!

ROCHEPELÉ, *riant.*

Et qui se fait passer pour célibataire, près des belles qu'il courtise!

SENSITIVE.

Chut! ne me trahissez pas... si Magnolia savait! Elle qui se figure que je la recherche pour le bon motif!

ROCHEPELÉ.

Ah! ah!... elle a le dada du mariage!

SENSITIVE.

Mon Dieu, oui! c'est une tigresse de vertu!... mais je triompherai... si la baronne m'en donne le temps...

ROCHEPELÉ.

Quoi! madame de Sensitive?

SENSITIVE.

Elle a eu vent de mes galantes aventures, et comme elle est jalouse un peu plus qu'Othello, elle prétend me réduire, par tous les moyens, au pot-au-feu conjugal, m'attacher à ses jupons maussades, et m'arracher enfin à cette existence délicieusement infernale qu'on appelle la vie à grandes guides! Qu'en dites-vous?

ROCHEPELÉ.

Je dis que c'est insensé!

SENSITIVE.

Oui, mon ami... c'est abracadabrant! Elle me traque comme un ours... Elle me pourchasse comme un lièvre... A peine suis-je sorti de chez moi, vite en quête!... mes exploits lui sont connus dans leurs moindres détails! Par qui est-elle renseignée? je ne m'en doute pas! Quel est l'espion qui marche dans mon mur? je l'ignore, et je passe ma vie à inventer, sans le moindre succès, des prétextes d'une entière fraîcheur! Diable! ça en vaut la peine, vous devez le comprendre! quatre-vingt-dix mille livres de rente... c'est-à-dire quarante, j'en ai égaré cinquante.

ROCHEPELE.

Peste! vous allez bien!...

SENSITIVE.

Or, ceci vexe ma tendre épouse... est-ce assez bizarre! quel mauvais caractère! elle veut arriver à me pincer en flagrant délit pour obtenir séparation de corps et de biens... De corps, je ne dis pas! mais de biens! qu'elle attende au moins, que diantre! qu'elle attende que j'aie tout mangé. J'irai le plus vite possible.

ROCHEPELE.

Parbleu!...

SENSITIVE.

Pour arriver à son but, la baronne marche jour et nuit, flanquée d'un homme d'affaires, une espèce d'olibrius qui touche dix-sept francs cinquante-cinq centimes de haute paye par jour pour prix de ce joli métier! Il est tantôt à droite, tantôt à gauche, il me suit pas à pas...

Air de *Julie.*

A mes côtés je le trouve sans cesse,
Si je m'éclipse, il suit mon mouvement!
Il est partout, et son âme traîtresse
De mes plaisirs cherche l'écroulement!
Cet homme noir, au regard sombre,
Pour me pincer, hélas! messieurs, s'est fait,
Avec son corps maigre, long et mal fait, } *(Bis.)*
L'ombre vivante de mon ombre!

C'est plat... c'est honteux! c'est agaçant!

POMPAVOINE.

Ça n'a pas de qualificatif.

SENSITIVE, *se retournant vers Pompavoine.*

Monsieur?....

ROCHEPELÉ, *le présentant.*

De Pompavoine! un ami à moi... nouvellement arrivé de Palaiseau à Paris et désirant épouser une Parisienne.

SENSITIVE, *allant à lui.*

Vous marier!... ah! monsieur, vous êtes un homme mort!

POMPAVOINE.

Mais vous, cependant, monsieur le baron...

SENSITIVE.

Moi, j'avais une excuse, j'étais malade, et, comme remède, j'ai pris les quatre-vingt-dix mille livres de rente de ma femme... Que voulez-vous? il faut bien jouir de la vie... Ah! si seulement j'avais une bonne santé, que m'importeraient les taquineries de Cunégonde? Mais j'ai la poitrine faible... Je redoute la chute des feuilles! En pensant aux quarante mille livres de rente qui me restent, je me dis : Baron de Sensitive, mon ami, ne perds pas une minute! La jeunesse n'a qu'un temps! hâte-toi de vivre, puisque tu dois t'éteindre dans ta fleur et sans postérité!

POMPAVOINE.

Vous êtes?...

SENSITIVE, *avec douleur.*

Sans enfants et atteint d'une phthisie pulmonaire. *(Toussant.)* Hum! hum! avec gastrite-gastro-entérite... Oh! je suis fait... je le sais... La voix s'affaiblit... L'huile manque, la lampe s'éteindra tout à coup!

Air des *Feuilles mortes.*

Mes jours sont condamnés, je m'en vais d' la poitrine!
Il faudra dire, hélas! bonsoir à mes amis!

Bonsoir à mes amours, aux foi's gras en terrine !
Aux truffes en buisson, aux perdreaux en salmis !
Adieu, doux souvenirs de femmes et de pêches !
La veilleuse s'éteint... il faut passer l'octroi !
Quand vous verrez tomber, tomber les feuilles sèches,
Si vous m'avez aimé, vous prirez Dieu pour moi,
Si vous m'avez aimé (*bis*), vous prirez Dieu pour moi!

Mais il faut se faire une raison ! (*Changeant de ton.*) Je me sauve... J'ai dit que je montais ma garde... Je reviens dans un instant, revêtu de mon costume d'homme du monde ! A propos... si vous voyez Magnolia, faites-la patienter..... Occupez-la... cette chère petite, et surtout ne trahissez pas mon pseudonyme de baron de Saint-Avril, ni ma position sociale d'homme marié. (*A Pompavoine.*) Enchanté, monsieur, d'avoir fait votre connaissance. (*A Rochepelé.*) Adieu, cher, à tout à l'heure ! (*Il sort vivement en chantant d'une voix forte :*)

Mes jours sont condamnés !

ROCHEPELÉ.

Charmant garçon... mais un malheureux tic !

POMPAVOINE.

Lequel ?

ROCHEPELÉ.

Sa maladie ! Il se porte comme le Pont-Neuf ! (*Voyant passer au fond Vichy Grand-Grille.*) Et tenez, voilà son pendant... C'est absolument la même chose... sauf que c'est tout le contraire !

SCÈNE VI

DE ROCHEPELÉ, POMPAVOINE, VICHY GRAND-GRILLE, POPELINE, Marchands, Marchandes, Industriels, Promeneurs.

VICHY, *entrant en toussant.*

Eh ! ce cher Rochepelé.

POPELINE, *à de Rochepelé.*

Bonjour, mon bon... bonjour.

ROCHEPELÉ.

Salut, mes tourtereaux ! (*A Vichy.*) Et cette santé ?

VICHY, *grossissant sa voix.*

La question est bonne... toujours de même, parbleu ! toujours de même... je me porte comme la porte Saint-Denis... Des nerfs d'acier... des muscles de caoutchouc vulcanisé... de l'appétit... du creux, de l'organe et un estomac, un estomac d'autruche. (*Chantant.*)

Nonnes, qui reposez...

(*Il tousse.*) Hum ! hum ! la note n'y est pas...

POPELINE, *bas à Rochepelé.*

Vous savez qu'il est très-mal ?

ROCHEPELÉ, *à Vichy.*

Mon bon, vous avez trop de santé... vous mourrez d'une attaque d'apoplexie foudroyante.

VICHY.

Il y a vingt-cinq ans que je suis comme cela...

ROCHEPELÉ.

Je vous conseille d'arranger vos affaires... et quant à un régime, suivez le mien... vous savez : truffes, champagne, écrevisses bordelaises, café corcelet et chartreuses de toutes les nuances !.. couronnez-moi chaque dîner d'une partie de lansquenet. Chaque partie de lansquenet d'un souper à la glace... et alors vous refleurirez... le sang sera moins lourd...

VICHY.

Je le crois... J'ai l'existence trop massive... trop large... (*Il tousse.*)

POPELINE.

N'est-ce pas qu'il lui faudrait le mariage ?

ROCHEPELÉ.

J'en suis sûr ! épousez cette chère enfant... elle vous soignera !

VICHY.

Je ne demande pas mieux... mais ma famille...

POPELINE.

Votre famille ?.. On fait des sommations respectables.

POMPAVOINE.

Certainement !

ROCHEPELÉ.

Et vous devenez l'époux de Popeline, notre modiste à la mode.

VICHY.

Oui ! oui !

POMPAVOINE.

Ah ! mademoiselle est modiste ?

POPELINE.

Pour vous servir ! mais je vous quitte, messieurs, je vais tout près d'ici, chez une de mes clientes qui désire un chapeau d'une forme nouvelle... une innovation pleine de chic et qui me fera beaucoup d'honneur.

VICHY.

Allez, chère amie, allez... je vous attends et nous irons ensemble voir *Paris la Nuit!*

POPELINE.

A tout à l'heure, mon bon...

POMPAVOINE, *à de Rochepelé.*

Elle est charmante, cette modiste, et si son cœur et sa main étaient libres !

ROCHEPELÉ, *vivement.*

Non... non... ce n'est pas ce qu'il vous faut. (*Vichy et de Rochepelé causent ensemble en s'asseyant sur un banc.*)

SCÈNE VII

POMPAVOINE, DE ROCHEPELÉ, VICHY-GRAND-GRILLE, PIMPRENELLE, ZIDORE, Marchands, Industriels, CINQUANTE-CENTIMES, *puis* LE GARDIEN.

ZIDORE, *au fond, passant.*

Demandez l'*Entr'acte* ! le programme de la pièce que l'on va jouer ?

PIMPRENELLE, *paraissant.*

Un éventail à coulisse, ma belle dame, un bouquet de violettes !

POMPAVOINE, *à part, descendant en scène.*

Ah ! c'est elle !.. mon cœur bat... Ah ! tais-toi, mon cœur !

CINQUANTE-CENTIMES, *à un monsieur qui passe.*

Monsieur, au nom de la belle âme qui se peint dans vos yeux ! (*Le monsieur passe, il le poursuit.*)

PIMPRENELLE, *à Pompavoine.*

Monsieur... je ne vous offre pas un éventail... mais, tenez, à votre boutonnière, ce petit bouquet de violettes ?

POMPAVOINE, *avec feu.*

Non, pas d'éventail, pas de bouquet, mais ton cœur... jeune fille à l'œil noir... qui règnes sur mon âme... ton joli petit cœur...

PIMPRENELLE, *se reculant en riant.*

Ah ! mon Dieu, qu'est-ce qu'il a ?

POMPAVOINE.

Ce que j'ai ? soixante mille livres de rente... en terres, à Palaiseau, cette patrie de la Pie voleuse, ça te va-t-il ?

PIMPRENELLE, *riant.*

La Pie voleuse ?

POMPAVOINE.

Mes terres et mes soixante mille livres de rente... Adieu, Paris ! adieu tout ! viens ! suis-moi, je t'adore, je t'emmène et je t'épouse !

AIR : *A mon beau château.*

Viens à Palaiseau,
Je t'offre bois, prés, tourelles,
De mon palais, oh !
Tu s'ras reine à Palaiseau !
Je t'offre mon cœur
Doux comme des tourterelles,
Et dont la blancheur...

PIMPRENELLE.

Oui, je connais la couleur....

POMPAVOINE.

Veux-tu d' mes amours ?

PIMPRENELLE.

Cher monsieur, la monnai' suisse,
Depuis bien des jours,
Dans not' pays n'a plus cours!

POMPAVOINE.

Reine des vertus,
A toi mon âme novice!

PIMPRENELLE.

Ça ne s' trouve plus
Qu' bureau des objets perdus!

POMPAVOINE.

Accepte mes feux...

PIMPRENELLE.

Monsieur, gardez vos chandelles,
Car, en fait de feux,
Ceux
De mes yeux
Valent mieux!

ENSEMBLE.

PIMPRENELLE.

Pas de Palaiseau,
Ni de bois ni de tourelles;
Dans vot' palais, oh!
J' n' s'rai reine à Palaiseau.

POMPAVOINE.

Viens à Palaiseau, etc.

PIMPRENELLE.

Ah! ah! ah! tiens, vous êtes drôle, vous, le gandin de Palaiseau!

POMPAVOINE.

Un mot! un seul mot! Laisse tomber ta main dans la mienne et donne-moi... (Il veut lui prendre la taille.)

PIMPRENELLE, lui donnant un soufflet.

Voilà, monsieur est servi!..

POMPAVOINE.

Ah!

ZIDORE, s'approchant.

Un franc l'éventail! Voulez-vous que je vous rende... (Tout le monde s'approche: Rochepele, Vichy Grand-Grille, Cinquante-Centimes, etc.) Ça vous apprendra à vous frotter à Pimprenelle.

ROCHEPELE.

Mon cher, c'est votre faute... vous êtes d'une nature trop incandescente...

VICHY.

Il est comme moi! nature du Midi!...

ZIDORE.

Ah! voyez-vous, ça, c'est du nanan pour petit père!.. Elle défend mon bien!... nous devons nous marier nous deux... Pimprenelle n'aime pas les jeux de mains!.. Elle vend des éventails aux cocodes, mais pas autre chose, vous vous êtes trompé de porte, elle vous accueille avec dédain mon joli gant rouge! allez au Jardin d'acclimatation vous y trouverez votre affaire!

Air du Verre.

Biches à l'œil épouvanté,
Mais de nature peu sauvage,
Lionnes sans férocité,
Autruches au riche plumage,
Dans ce jardin, perle du bois,
Tout se rencontre, tout fourmille;
Prenez dans le tas, fait's vot' choix,
Vous n' sortirez pas d' vot' famille. } (Bis.)

LE GARDIEN, passant.

Allons, allons, pas de rassemblements... Circulez, circulez! (Tout le monde remonte.) C'est pis que le passage de la Bérésina... Oh! les premières!.. quelle campagne! (A un groupe de promeneurs.) Circulez... circulez!... (Entendant Vichy tousser.) En voilà un qui ferait bien mieux d'aller se coucher.

LES COCODES

SCÈNE VIII

PROMENEURS, LES PERSONNAGES DE LA SCÈNE PRÉCÉDENTE au fond, CUNÉGONDE, MOUCHAMIEL.

CUNÉGONDE, entrant vivement, suivie de Mouchamiel.

Il est au théâtre de la Gaîté, le monstre! à la gaîté quand je suis à la tristesse!.. quand j'use mes nuits à le pleurer!...

MOUCHAMIEL.

Et vos bottines à le poursuivre.

CUNÉGONDE.

J'userais tous les cuirs du monde pour en arriver à mon but!.. Vous m'avez bien compris, vous, homme intelligent et dévoué.

MOUCHAMIEL.

Oh! madame!.. mon amour!...

CUNÉGONDE, l'interrompant.

Il m'agace!... Je suis la baronne de Sensitive. Je suis une mère de famille, monsieur Mouchamiel!

MOUCHAMIEL.

Sans enfants!... oui madame.

CUNÉGONDE.

J'ai des hermines dans mon blason.

MOUCHAMIEL.

Hélas! l'amour m'étouffe!... mais il faut l'étouffer!

CUNÉGONDE.

Il faut l'étouffer, mais il faut me servir! Je veux la séparation de corps et de biens... Il m'importe de constater le flagrant délit.

MOUCHAMIEL.

Nous constaterons, baronne, ou j'y perdrai le nom de mes ancêtres les Mouchamiel.

CUNÉGONDE.

Je vous attache à mes pas comme le lierre s'attache à l'arbrisseau... Je vous rive au pilori de ma honte!...

Air de Turenne.

Je suis de vengeance altérée!

MOUCHAMIEL, à part.

La haine embellit sa beauté!

CUNÉGONDE.

Il faut que dans cette soirée,
Le Vandale enfin ait été
Puni de sa perversité!
Sur vous, Mouchamiel, je me fonde!

MOUCHAMIEL.

Pour ces yeux, dont je suis vassal,
Je dresserais procès-verbal
Sur les éboulements du monde!

CUNÉGONDE.

Il se déguise en garde national! il revêt ce costume de héros citoyen pour déserter le toit conjugal... Il prétexte une garde hors de tour pour mettre la mienne en défaut! Oh! c'est l'homme de toutes les faussetés; mais j'avais fouillé dans ses poches, moi, et au lieu d'un billet de garde j'avais trouvé un billet de théâtre! Infâmie! Et pour qui me délaisse-t-il, honnête Mouchamiel? Ah! de par ma trisaïeule Cunégonde à la grande dent, de par ma bisaïeule Cunégonde aux jambes torses... de par mon aïeule Cunégonde à la main de fer, il ne croquera point avec des créatures insensées le reste de mon magot! Vous avez nos places?

MOUCHAMIEL.

Oui, baronne! (A lui-même.) Qu'elle est belle cette femme!

CUNÉGONDE.

Votre papier timbré? votre encrier, votre plume?

MOUCHAMIEL, avec passion.

Oui, baronne, tout cela est dans ma poche comme l'amour dans mon cœur.

CUNÉGONDE.

Venez!... nous lui montrerons ce que vaut la vengeance d'une mère de famille!... de la dernière des Cunégonde!... Venez... mais venez donc!

MOUCHAMIEL, *le suivant, à part.*

Oh! comme je l'aurais aimée, cette patricienne!... Ah! Ruy-Blas!... ver de terre amoureux d'une étoile! (*Il rejoint Cunégonde. Ils sortent. Cris des marchands.*)

SCÈNE IX.

POMPAVOINE, DE ROCHEPÉLÉ, VICHY-GRAND-GRILLE, ZIDORE, CINQUANTE-CENTIMES, LA MARCHANDE DE JOURNAUX, PIMPRENELLE, PROMENEURS, MARCHANDS DE TOUTE SORTE, *puis* MAGNOLIA, PAMPONDOR, JEUNES FEMMES, JEUNES GENS, LE GARDIEN *et* POPELINE.

POMPAVOINE, *revenant avec de Rochepélé et Vichy Grand-Grille.*

Vous avez beau dire, cette petite fille me fera tourner la tête... elle est adorable... elle me grise... Décidément, je veux l'épouser. (*Il soupire.*)

ROCHEPÉLÉ.

Très-cher, vous n'avez pas le sens commun!

VICHY.

Il a raison. (*Il tousse.*)

LE GARDIEN.

En voilà un qui aurait bon besoin d'huile de foie de merlan. (*Il disparaît.*)

MAGNOLIA, *au dehors.*

Eh bien! c'est cela, payez la voiture; vous me direz ce que je vous dois.

ROCHEPÉLÉ.

Ah! messieurs, j'entends la voix de notre sirène, de la splendide Magnolia.

MAGNOLIA, *entrant en scène.*

Ce fiacre allait comme une tortue, parole d'honneur! (*A Cinquante-Centimes, qui marche sur sa robe.*) Pardon, jeune homme, sans vous commander, vous allez effiloquer mes dentelles.

CINQUANTE-CENTIMES.

Madame, au nom de la belle âme qui se peint dans vos yeux...

MAGNOLIA.

Ah! laissez-moi tranquille! Ces petites gens sont insupportables! (*Apercevant de Rochepélé.*) Eh! ces chers amis!... Bonjour, marquis! bonjour, chevalier! (*A Pompavoine.*) Monsieur...

ZIDORE, *qui admire Magnolia.*

Qu'elle est belle! oh! oh! oh! En voilà une comme je les comprends. (*A un monsieur.*) Du feu, mon prince! En voici!

PAMPONDOR, *entrant avec un monsieur.*

Messieurs, bonsoir!

TOUS.

Bonsoir, Pampondor!

MAGNOLIA, *à Vichy, qui tousse.*

Toujours votre bronchite! ah! mon pauvre ami... Si vous ne voulez pas aller rejoindre vos ancêtres, je vous conseille le sirop de Lamouroux et le couvent où l'on fabrique du Raspail.

VICHY, *riant.*

Ah! la bonne plaisanterie; je me porte à merveille!

MAGNOLIA.

Oui, j'ai eu une levrette qui se portait comme vous! Il y a six mois que je l'ai fait empailler.

PAMPONDOR.

Oh! cette Magnolia, avec son air comme il faut, elle est d'un brutal...

MAGNOLIA.

Ma chère amie, la vérité n'a jamais porté de gaze... ne lui mettons pas un faux nez!

POMPAVOINE.

Je la trouve impayable! (*A Rochepélé.*) Et elle à marier?

MAGNOLIA, *à Rochepélé, en lui montrant Pompavoine.*

Quel est ce gentilhomme?

ROCHEPÉLÉ.

Un ami de Palaiseau, venant étudier nos mœurs et chercher une femme à Paris.

Ah! monsieur est de Palaiseau; monsieur a sans doute la pie au nid?

Vous dites, madame?

MAGNOLIA.

C'est une figure employée vulgairement dans le grand monde, pour demander si l'on possède des immeubles et des bons du Trésor...

POMPAVOINE, *avec feu.*

Soixante mille livres de rente, pour vous servir, belle dame!

MAGNOLIA, *à Rochepélé.*

Il est très comme il faut, ce jeune homme! (*A Pompavoine.*) Dansez-vous?

POMPAVOINE.

Peu.

MAGNOLIA, *lui donnant sa carte.*

Alors, je vous donne mon adresse.

POMPAVOINE.

Vous...

MAGNOLIA.

Mademoiselle Magnolia, rue de la Chaussée-d'Antin, n° 4, professeur de danse et de maintien et de bonnes manières... La grâce est mon faible! j'aime à faire des élèves, et ma réputation n'est pas exagérée...

POMPAVOINE.

Ah! madame, j'en suis convaincu...

MAGNOLIA.

Tout à l'heure, dans *Paris la Nuit*, en voyant mes illustres professeurs, Flageolet, Clodoche, la Comète et Normande, vous comprendrez jusqu'où peut aller le bel art que j'enseigne à mon tour, et dont ils m'ont légué les grands principes et les saines traditions. Flageolet, Normande, mes chers amis! Clodoche, la Comète, mes divins maîtres! votre nom seul m'électrise!... Il me semble... que je vous entends! il me semble que je vous vois! La Comète, surtout! la Comète, le sublime de l'art!...

    Air des *Bavards* (Offenbach).

Il part et se penche, penche,
Le poing sur la hanche, hanche,
Le haut du corps redressé,
Il commence un balancé!
Son œil s'écarquille, quille,
Et son nez frétille, tille,
A croire qu'il est en tout
Fait avec du caoutchouc.
Étincelle de la danse!
C'est le feu du bacchanal!
Je palpite quand j'y pense...
Quel drôle d'original!...
    Son œil flambe,
    Et sa jambe,
En tournant comme un oiseau,
    Fait sur place
    Une trace
En rond de cerceau!
Alors il cascade, cade,
Pousse une roulade, lade,
Le nez en bas, les jambes en l'air,
Il fait un effet d'enfer!
Plus il se trémousse, mousse,
Plus il mousse, mousse, mousse,
Et plus l' public acharné
Demande à revoir son nez.
C'est de l'art, c'est du génie!
Bien des sauteurs en renom
N'ont pas fait plus, je parie,
Pour se conquérir un nom.
    Oui, voilà,
    Oui, voilà
    La Comète!

Et c'est oui-dà
La planète
Aujourd'hui
Dont l' rayon nous conduit.

REPRISE DE L'ENSEMBLE.

Oui, voilà, etc.

(*A la fin du chœur, Magnolia s'est mise à danser, et continue jusqu'à l'entrée du Gardien, au nez duquel elle lève la jambe.*)

TOUS.

Ah! parfait! parfait!

ZIDORE.

Oh! oh! oh! quelle femme! quelle femme!

LE GARDIEN, *entrant.*

Eh! madame! dites donc, madame!...

MAGNOLIA, *s'arrêtant.*

Oh! pardon, monsieur; je laissais *errère* mon âme dans les souvenirs de mon jeune âge... je croyais *folâtrère* encore sur les pelouses de l'innocence...

LE GARDIEN.

Allons, circulez! circulez! circulez! (*Il s'éloigne; Popeline rejoint Vichy.*)

SCÈNE X

LES MÊMES, SENSITIVE.

SENSITIVE.

Ah! j'arrive enfin! mesdames!...

TOUS.

Ah! ce cher baron! Bonsoir, baron!

SENSITIVE.

Je me suis fait attendre?

MAGNOLIA.

Vous ne faites jamais que cela! Mon cher, quand vous serez mon mari, si c'est ainsi que vous vous conduisez, quelle perspective pour une âme comme la mienne!

SENSITIVE.

Oh!

MAGNOLIA.

Nous étions là à nous *demandère* si vous aviez pris l'Odéon pour la Gaîté!

SENSITIVE.

Chère amie... toujours piquante! toujours le mot pour rire.

MAGNOLIA.

Ce n'est pas comme vous...

SENSITIVE.

Afin de vous faire agréer mes excuses, nous irons souper chez Brebant!

MAGNOLIA.

Encore *soupère!* quel mauvais genre!

SENSITIVE.

Oh! pour une fois.

MAGNOLIA.

Enfin, je vous pardonne en faveur de mon estomac... Donnez-moi votre bras et allons voir mes professeurs.

ZIDORE, *lui présentant un journal.*

L'Entr'acte, ma reine!

MAGNOLIA.

Ah! Zidore! (*A Pompavoine.*) Monsieur, je vous présente le type accompli du vrai gamin de Paris; Zidore dit Mon Prince, le serviteur des belles... le marchand de progammes par vocation, le commissionnaire par amour. (*Elle lui donne de petites tapes sur les joues.*)

ZIDORE.

Et l'admirateur de vos charmes par-dessus le marché, ma duchesse.

MAGNOLIA.

Donnez-lui dix sous, il est gentil ce gamin-là!

ZIDORE.

Merci, ma reine! (*A Sensitive.*) Oh! monsieur, j'envie votre bonheur! nom d'une pipe, êtes-vous heureux!

MAGNOLIA.

Monsieur le sera,... quand nous serons mariés, jeune homme!... Il est gentil ce petit, n'est-ce pas? (*A Zidore.*) Je vous donne une place dans mon cœur, monsieur Zidore! Allons, messieurs, au théâtre!

CHŒUR.

Air nouveau de M. Thomas.

C'est l'heure où chaque soir,
La foule idolâtre
Au théâtre
Heureuse va s'asseoir,
Rêvant meurtres et cachot noir.
Allons, amis, chercher ce soir
Meurtres, fantômes, cachot noir.

LE GARDIEN.

Circulez... allons, circulez!... (*Il disparaît; tout le monde sort.*)

SCÈNE XI

ZIDORE, CINQUANTE-CENTIMES, MARCHANDS, *puis* PIMPRENELLE.

ZIDORE.

Oh! mes enfants... écoutez... soutenez-moi! j'ai des éblouissements, je tombe en syncope! J'ai une place dans son cœur!...

Air de *Carlin.*

Dans son cœur, oh! je suis heureux!

CINQUANTE-CENTIMES.

Que ta chaleur vite se glace...
A plus d'dix mill', crois-moi, mon vieux.
Elle a promis la même place.

ZIDORE.

Dix mille?...

CINQUANTE-CENTIMES.

Au moins... c'est de rigueur!

ZIDORE.

Mais à c'compt'-là, miséricorde!
Il y aurait plus d'plac' dans son cœur } (Bis.)
Que sur la plac' de la Concorde!

Oh! n'importe, voyez-vous, ce regard... cette bouche... cette main... ce parfum... ces jupons... cette robe à queue... ces volants... ces gants... ça me donne le vertige!... Oh! les femmes, les femmes, elles seront ma perdition!

PIMPRENELLE, *qui s'est approchée, le pinçant.*

Vraiment!

ZIDORE.

Aïe! oh! c'est bête, ça... v'là un pinçon qui me réveille avant que mon rêve ne soit fini...

PIMPRENELLE.

Parlons-en, il était coquet pour moi votre rêve!

ZIDORE.

Ah! tu as entendu?

PIMPRENELLE.

Que trop! c'est du joli! envier des connaissances pareilles!...

ZIDORE.

Mais ce sont des femmes très-chouettes!

PIMPRENELLE.

Taisez-vous!

ZIDORE.

Que veux-tu? je suis bâti comme ça... La poudre de riz me porte à la tête... et le froufrou d'une robe de soie m'électrise!

PIMPRENELLE.

Oh! tenez, vous me faites pitié; j'hausse les épaules, en vous écoutant... Heureusement, c'est pas pour vous que ces gâteaux-là sont au four.

ZIDORE, *riant.*

Bah! qui sait?

PIMPRENELLE.

Qui sait? C'est pas sérieusement que vous dites ça?

ZIDORE.

Ça sent si bon, l'patchouly! Dieu de Dieu! j'idole-t'y ça!

PIMPRENELLE.

Et vous osez en convenir?.. Ah! c'est bien la peine d'aimer les gens pour qu'ils vous disent des choses pareilles! Mais vous me le payerez, monsieur Zidore... je ne vous parlerai pas de huit jours.

ZIDORE.

Oh! Nenelle.. ma Nenelle chérie, pas de bêtises! (Il veut l'embrasser.)

PIMPRENELLE.

Laissez-moi! vous êtes un méchant garçon. (A une dame.) Fleurissez-vous, madame... un bel éventail à coulisses!

ZIDORE.

Voyons, ma petite Nenelle...

PIMPRENELLE.

Passez votre chemin; je ne vous connais plus! (Elle s'éloigne.)

CINQUANTE-CENTIMES, riant.

Ah! ah! tu as reçu ton paquet, mon vieux!

ZIDORE.

C'est qu'elle a pris ça pour de vrai! Bah! ça se passera. (Il offre le programme à un monsieur.)

CINQUANTE-CENTIMES, à un monsieur.

Monsieur! au nom de la belle âme qui se peint dans vos yeux...

LE MONSIEUR.

Allez au diable! (Il sort.)

SCÈNE XII

LES MÊMES, SENSITIVE, puis CUNÉGONDE, MOUCHAMIEL, MAGNOLIA, PAIMPONDOR, POPELINE, DE ROCHEPELE, VICHY GRAND-GRILLE, POMPAVOINE, LE GARDIEN, MARCHANDS, PROMENEURS, ZIDORE, PIMPRENELLE.

SENSITIVE, sortant du théâtre.

Ma femme! ma femme à la Gaîté, avec son grand tuyau d'orgue d'homme d'affaires! et elle m'a vu!... (A Zidore.) Vite, vite, petit, une voiture; elle est sur mes talons!

ZIDORE.

Deux places ou quatre places?

SENSITIVE.

Ça m'est égal!

ZIDORE.

Un fiacre ou un remise?

SENSITIVE.

Un omnibus, si tu veux; pourvu que ce soit une voiture! (Zidore sort. Arpentant la scène.) Elle est capable de faire du scandale, fichtre! je la connais...

CINQUANTE-CENTIMES, le suivant de l'œil.

Il a une locomotive dans ses bottes celui-là!

CUNÉGONDE, paraissant dans le square avec Mouchamiel.

C'était lui, vous dis-je, le gueux! le monstre!

SENSITIVE, voyant Cunégonde.

Aie! je suis pincé! (Idée subite.) Ah! (A la marchande de journaux qui est sur la porte.) Vingt francs, vite! vite! pour aller vous promener... voici le jaunet! (Il lui met vingt francs dans la main.)

LA MARCHANDE DE JOURNAUX.

Mais...

SENSITIVE.

Cédez-moi votre place, vous dis-je! (Entrant dans le kiosque, dont il ferme la porte.) Filez! filez!

LA MARCHANDE DE JOURNAUX.

Vingt francs, il peut manger mes journaux!.. Ça m'est égal! (Elle disparaît.)

CUNÉGONDE.

Ah! je le retrouverai! nous le retrouverons!

MOUCHAMIEL.

Mais, dans cette foule, c'est insensé! je ne puis verbaliser.

CUNÉGONDE.

Je vous paye dix-sept francs cinquante-cinq centimes, et fût-ce au fond de l'enfer, il faut que force reste à la loi conjugale et que votre procès-verbal ait son cours!

MOUCHAMIEL.

Ah! si vous m'aviez aimé!...

CUNÉGONDE, se parlant à elle-même.

Il se cache! il rit de ma colère. (Allant à un passant.) Monsieur, c'est un traître! (A un autre.) Madame, il y va de l'honneur d'une mère de famille.

MOUCHAMIEL.

Sans enfants! mais qui pourrait en avoir!

CUNÉGONDE, à une autre.

Madame... c'est un Vandale! (A une autre.) Mademoiselle, c'est un sacripant! (A Cinquante-Centimes.) Jeune homme, c'est mon mari, un grand, gros... laid; l'avez-vous vu?

CINQUANTE-CENTIMES.

Connu! (Désignant le kiosque.) Il est entré là. (A part.) Nous allons rire.

CUNÉGONDE.

Là! là! à vous, Mouchamiel, nous le tenons! (Elle s'approche du kiosque et frappe sur la tablette.) L'Opinion, s'il vous plaît!..

SENSITIVE, passant par l'ouverture sa tête coiffée du bonnet de la marchande.

Voilà, monsieur, quinze centimes, trois sous! (Reconnaissant sa femme.) Ah!

CUNÉGONDE, le saisissant par le bras.

Je te tiens donc enfin, coureur d'aventures nocturnes, spadassin de mon cœur, monstre indigne... assassin de mes illusions! et tu ne m'échapperas pas! devrais-je t'arracher par morceaux de cette niche! (Elle tire la manche de Sensitive.)

CINQUANTE CENTIMES.

Tirez! tirez! (Des personnes s'arrêtent.)

CUNÉGONDE.

A moi, Mouchamiel! (L'habit de Sensitive lui reste dans la main et sort par le guichet du kiosque. On rit.) Ah!

SENSITIVE, en manches de chemise et coiffé d'un bonnet, sortant du kiosque.

Sauvé! Merci, mon Dieu!!!

CUNÉGONDE.

Arrêtez-le! arrêtez-le! à vous, Mouchamiel! à vous!

MOUCHAMIEL, s'élançant sur Sensitive.

Ah! je vous...

SENSITIVE, lui donnant un renfoncement sur son chapeau.

Tiens!...

MOUCHAMIEL.

Ah! (On rit.)

TOUS.

Cinq cents!

CUNÉGONDE.

Il nous échappe!... Ah! ah! (Elle tombe sur un banc.)

ZIDORE, entrant et donnant le numéro de la voiture à Sensitive.

Le numéro de votre voiture, bourgeois!

SENSITIVE, fouillant sa poche et lui mettant un papier dans la main.

Merci. (Il sort.)

ZIDORE.

Un billet de banque. (Il le déplie.)

MOUCHAMIEL, faisant ses efforts pour arracher son chapeau.

Au secours!.. A la garde! C'est mon nez qui ne peut pas...

MADAME SENSITIVE.

A la garde! (On rit.)

ZIDORE, riant.

Ah! le brigand, il m'a donné un billet de la grande loterie de l'hospice des cochers de fiacre!.. Au voleur! au voleur! (Sortie du théâtre.)

MOUCHAMIEL, fendant enfin son chapeau en deux, ce qui lui forme collerette.

Ah! c'est une infamie!

TOUS.

Qu'est-ce? Qu'y-a-t-il?

CHŒUR.

Air : *C'est moi Mimi Bamboche.*
CUNÉGONDE.
C'est scandaleux,
Odieux!
Ah! j'étouffe de rage!
L'avoir en ces lieux
Sans pouvoir lui crever les yeux!
Bientôt je le punirai
De son sanglant outrage!
Je le trouverai
En délit... et me vengerai.
MOUCHAMIEL, *prenant l'habit de Sensitive.*
C'est scandaleux,
Odieux!
Ah! j'étouffe de rage!...
M'avoir en ces lieux
De mon chapeau couvert les yeux!
Bientôt je le punirai
De ce sanglant outrage!
Je le pincerai!
Et, morbleu! verbaliserai!
LES PROMENEURS, LES COCODÈS.
C'est scandaleux,
Odieux!
Ils étouffent de rage!
Leurs cris furieux
Troublent le repos de ces lieux.
L'un dit : Je le punirai!
L'autre parle d'outrage,
L'un : Je m' vengerai!
Et l'autre : J' verbaliserai!
TOUS, *excepté Mouchamiel et Cunégonde.*
Quel mystère!
ROCHEPALE.
C'est la femme du baron.
TOUS.
Quelle affaire!
MOUCHAMIEL.
J'ai l' nez comme un! pôtiron!...
XIDORR, *montrant son billet de loterie...*
Le sauvage!
Me payer ma course ainsi!
CUNÉGONDE.
Le volage!
Me laisser ici!...
CUNÉGONDE et MOUCHAMIEL.
O fureur! ô démence!
Vengeance! vengeance!
LE GARDIEN, *paraissant.*
Un rassemblement!
Circulez... et plus lestement!
MOUCHAMIEL et CUNÉGONDE.
Monsieur...
LE GARDIEN.
Pas d'insolence!
TOUS.
Nous obéissons!
Monsieur le gardien, nous circulons.

CHŒUR.

CUNÉGONDE et MOUCHAMIEL.
C'est scandaleux,
Odieux!
Ah! j'étouffe de rage!
L'avoir en ces lieux
Sans pouvoir lui crever les yeux!
Bientôt nous le punirons
De son sanglant outrage!
Nous le trouverons
En délit... et nous vengerons!

LES AUTRES.
C'est scandaleux,
Odieux!
Ils étouffent de rage!
Leurs cris furieux
Ont troublé l'ordre de ces lieux.
Bientôt ils le puniront
De son sanglant outrage,
Ils le trouveront
En délit... et se vengeront.

LE GARDIEN, *pendant ce chœur, n'a cessé de crier :*
Circulez! Circulez! (*à la fin du chœur le cri des marchands reprend au loin et le Gardien crie toujours :*) Circulez! Circulez! (*Magnolia rit comme une folle en montrant du doigt la femme de Sensitive; Mouchamiel prend le bras de Cunégonde. Tableau. Rideau.*)

ACTE II

DEUXIÈME TABLEAU
Le Petit Moulin Rose

Le jardin du Petit Moulin Rose. A gauche, un pavillon composé d'un cabinet particulier et surmonté d'une terrasse praticable avec toit rustique, à laquelle conduit un petit escalier à demi caché par des touffes d'arbustes et des massifs de plantes grimpantes. A droite, tables et bosquets se perdant à la cantonade. Au fond, la grille du jardin ouverte sur l'avenue d'Antin. — Perspective des Champs-Élysées.

SCÈNE PREMIÈRE

MALVIZÉ, LE SOMMELIER, GARÇONS, CONSOMMATEURS. (*Au lever du rideau, Malvizé entre vivement.*)
MALVIZÉ, *appelant.* Pierre, Clodomir, Arthur, Buridan... sommelier... garçons de cabinets...
LES DEUX GARÇONS *et* LE SOMMELIER, *au dehors.*
Voilà, patron... boum!!! (*Ils entrent.*)
3e GARÇON, *après les autres.*
Voilà, patéron! boum!
MALVIZÉ.
Tout est-il prêt dans vos salons respectifs? Les couverts sont-ils dressés?
TOUS.
Oui, patron...
3e GARÇON.
Oui, patéron!
MALVIZÉ, *au sommelier.*
Et vous, sommelier!... la pièce de vin de Pomard?...
LE SOMMELIER.
En bouteilles cachetées, d'après vos instructions, patron, quatre-vingts cachets rouges, autant de cachets noirs, autant de cachets jaunes, et cent cachets verts.
MALVIZÉ.
Parfait! qu'on n'oublie pas qu'à partir d'aujourd'hui ces diverses bouteilles, quoique issues de la même pièce, contiennent des liquides tout à fait différents... prenez note : (*Les garçons écrivent sur des calepins.*) Cachet rouge 1859, trois francs cinquante... cachet noir 1856, cinq francs... cachet jaune 1850, onze francs... cachet vert 1848, vingt francs... Est-ce compris?
LE SOMMELIER *et* LES GARÇONS.
Patron, c'est compris... boum!...
3e GARÇON.
Patéron, c'est compris! boum!
MALVIZÉ.
Allez, et de l'œil partout sans en faire nulle part!.. c'est un mot, suivez-le, et du silence!

ENSEMBLE.

Air de *Fernand Cortez.*
MALVIZÉ.
Gardez surtout bien mes secrets,
Et des vieilles
Bouteilles,

Sachez, en sommeliers discrets,
Distinguer les cachets.

LES GARÇONS.

Nous garderons tous vos secrets,
Et des vieilles
Bouteilles,
Nous saurons, je vous le promets,
Distinguer les cachets.

(Ils sortent de différents côtés.)

SCÈNE II

MALVIZÉ, ZIDORE, CINQUANTE-CENTIMES, PIMPRE-
NELLE, Consommateurs, Garçons, Une Dame.

MALVIZÉ, *se frottant les mains.*

Si je compte bien, voilà une pièce de vin de sept cent cinquante francs qui me produira trois mille six cent cinquante francs... Il faut bien que tout le monde vive! on gagne si peu dans les restaurants!!! *(A Pimprenelle qui entre.)* Ah! ah! vous voilà, petite... Eh bien, le commerce des éventails marche-t-il dans mon établissement?

PIMPRENELLE.

Pas trop mal, monsieur Malvizé.

MALVIZÉ.

Allons, tant mieux! tant mieux! il faut que tout le monde vive. *(Il sort.)*

UNE DAME, *entrant en appelant et cherchant.*

Natole! Natole! Anatole!...

PIMPRENELLE, *à la Dame.*

Un bouquet, madame, un joli bouquet...

LA DAME.

Combien?

PIMPRENELLE.

Cinq francs.

LA DAME.

Quarante sous!.. *(Cinquante-Centimes a paru au fond.)*

PIMPRENELLE.

Impossible, madame... j'y perdrais.

LA DAME, *sortant.*

Natole! où est-il passé? Natole!... *(Elle disparaît.)*

CINQUANTE-CENTIMES, *s'approchant.*

Faudrait peut-être lui donner le Luxembourg par-dessus le marché, lui retrouver Natole, et le porter chez elle!..

PIMPRENELLE.

Ah! c'est vous, monsieur Cinquante-Centimes...

CINQUANTE-CENTIMES.

Frais et rose comme une pomme d'api... toujours... la nuit comme le jour...

PIMPRENELLE.

Vous n'avez pas rencontré Zidore par ici, aujourd'hui?

CINQUANTE-CENTIMES.

Il était là il n'y a qu'un instant.

PIMPRENELLE.

Oh! le monstre!... Je ne l'ai pas vu de la journée, figu-rez-vous!

CINQUANTE-CENTIMES.

Ah çà! vous vous êtes donc rabibochés depuis l'autre jour?

PIMPRENELLE.

Oh! certainement... est-ce que nous pouvons nous fâcher nous deux Zidore?... Tout ce qu'il dit des femmes à la mode, il n'en pense pas un mot! c'est pour rire... c'est des bê-tises... il est si bon enfant, et drôle comme un vrai singe.

ZIDORE, *qui a paru, est descendu près d'eux, tout en écoutant.*

Bien parlé, ma petite Pimprenelle. *(Il l'embrasse.)* V'là ta récompense, je paye comptant.

PIMPRENELLE.

Si vous recommencez à m'embrasser devant le monde... je me fâche tout à fait.

ZIDORE.

Pas de menaces pareilles, hein! ou je vas me noyer dans la rivière.

CINQUANTE-CENTIMES.

C'te bêtise!... il sait nager!...

PIMPRENELLE, *riant.*

Mauvais sujet.

ZIDORE.

C'est si bon un baiser!

PIMPRENELLE.

Oui-dà!...

AIR : *On a tout quand on a d' ça.* (Victor Chéri.)

ZIDORE.

Un baiser!
Rien qu' d'y penser!
Je sens mon cœur se pincer!
Un tendre et sage baiser,
Ça n' peut pas s'analyser.
Oh! oh! oh! oh!
Oh! oh! oh! oh!
Ah! que c'est bon un baiser!

I

PIMPRENELLE.

Un baiser, c'est un petit diable...

ZIDORE.

Un lutin rose et caressant...

PIMPRENELLE.

Dont l'appétit insatiable
Est parfois fort embarrassant.

ZIDORE.

C'est l'âme de notre pensée,
Rêve allant se réaliser!
Demandez à la fiancée
Ce que pour elle est un baiser?

ENSEMBLE.

Un baiser, etc.

II

PIMPRENELLE.

Le baiser d'une jeune mère,
C'est le soleil pour son enfant!

ZIDORE.

Pour l'amant c'est le mot : Espère!
Pour tous c'est un mot triomphant!
Heureux époux, lorsqu'un nuage,
Par hasard, vient vous diviser...
Le soir, là paix dans le ménage
Se signe avec un doux baiser.

ENSEMBLE.

Un baiser, etc.

CINQUANTE-CENTIMES.

Attention, du monde. *(Ils remontent au fond.)*

SCÈNE III

LES MÊMES, MAGNOLIA, PAIMPONDOR, POPELINE,
LE PREMIER GARÇON.

MAGNOLIA.

Ah! mesdames! quelle chaleur!... L'hippopotame lui-même serait en nage par un temps pareil! je ne puis plus me remuer.

PAIMPONDOR.

Tu te plains toujours!

PREMIER GARÇON, *s'avançant.*

Ces dames désirent?

MAGNOLIA.

Votre patron, monsieur Malvizé.

LE GARÇON.

Je cours le chercher, mesdames. *(Il sort.)*

MAGNOLIA, *à ses amies, s'asseyant.*

Maintenant, je vais me permettre de vous proposer une promenade.

POPELINE.

Au bois?

MAGNOLIA.

Oui, en attendant le dîner.

PAIMPONDOR.

Accepté.

ZIDORE, *s'avançant.*

Une voiture découverte pour ces dames?

MAGNOLIA.

Tiens! Zidore! il est drôle ce petit... il m'amuse. (*Voyant Pimprenelle.*) Votre future, sans doute?

ZIDORE.

Mon Dieu, oui!.. nous essayons de nous rendre utiles par ici... de faire notre petit commerce.

MAGNOLIA.

Vous n'avez pas encore fait fortune à ce qu'il paraît?

ZIDORE.

Pas encore, et c'est pas avec des billets de la loterie des cochers de fiacre, comme M. de Saint-Avril m'en a colloqué un l'autre soir, que je ferai fortune.

MAGNOLIA.

Comment, M. de Saint-Avril vous a donné un pourboire en loterie; c'est indigne! Mon mignon, venez me *rapportére* ce billet chez moi... je vous en ferai *donnére* la monnaie!... autant de sous que de numéros!...

ZIDORE.

Soixante-neuf... trois francs quarante-cinq!... fichtre... ça ne serait pas de refus... mais par malheur, c'est difficile.

PIMPRENELLE.

Oh! oui!... et même dis donc plutôt que c'est impossible.

ZIDORE.

C'est vrai... j'ai collé le billet sur un carreau de la fenêtre de ma mansarde pour boucher une fêlure!

MAGNOLIA.

Eh bien, apporte-moi le carreau.

ZIDORE.

Avec plaisir, ma reine. (*Pimprenelle le pince.*) Aïe!

TOUS.

Quoi donc?

ZIDORE.

Ne faites pas attention... c'est la rose de Pimprenelle qui a des épines.

SCÈNE IV

LES MÊMES, MALVIZÉ.

MALVIZÉ, *entrant.*

Mesdames, tout à vos ordres! (*Zidore et Pimprenelle remontent au fond.*)

TOUTES.

Ah! ce cher Malvizé!

MAGNOLIA.

Votre très-humble, monsieur! Vous allez bien? (*Ils causent bas.*)

MALVIZÉ.

Mesdames, je suis flatté!...

PIMPRENELLE, *à Zidore en remontant.*

Que je vous entende les appeler vos reines, mauvais sujet!

MAGNOLIA *à Zidore.*

Allez nous chercher une voiture, petit...

ZIDORE.

En deux temps, ma princesse!... vous serez contente, ma sultane... j' vas vous ramener un berlingot dans le bon genre. (*Il sort menacé par Pimprenelle.*)

MALVIZÉ *à Magnolia.*

A quoi dois-je l'honneur de votre visite, cher professeur?

MAGNOLIA.

Nous dînons ici ce soir avec des hommes du monde...

POPELINE.

Et nous venons commander le menu.

MALVIZÉ.

Combien de couverts?

MAGNOLIA.

Sept.

MALVIZÉ.

Le menu?

MAGNOLIA.

Prenez votre calepin, Vatel, et écrivez. (*Malvizé prend un calepin et écrit.*) Le potage bisque; la truite saumonée, sauce genevoise; les cailles en canapé, aux truffes; le chaud-froid de perdreaux, aux truffes; les foies gras en caisse, aux truffes; les truffes sous la serviette; les faisans truffés, piqués, rôtis; la timbale de macaroni, aux truffes; les écrevisses bordelaises au piment de Cayenne; les asperges en branches, sauce diplomatique; les petits pois à la brésilienne; le croque-en-bouche à la Nesselrode; la bombe glacée napolitaine, *tutti-frutti*; la croûte au madère de 1789; fraises, groseilles, cerises, pêches, roquefort, camembert, fruits confits, café, chartreuses, liqueurs des îles... nous nous en rapportons à vous pour le reste... Qu'est-ce que vous dites de ça, feu Carême?

MALVIZÉ.

Parfait!.. très-bien compris. Tous mes compliments, professeur!... Quel vin boirez-vous?

MAGNOLIA.

Du meilleur.

MALVIZÉ.

Je vous recommande un certain Pomard 1848, dont il ne me reste que quelques bouteilles... J'en parlais tout à l'heure à mon sommelier... un vieux cachet vert qui n'a pas son pareil.

MAGNOLIA.

Va pour le 48; il faudra *l'essayére.*

ZIDORE, *entrant.*

La voiture attend ces dames.

TOUTES, *allant prendre leurs ombrelles.*

Au bois!... au bois!...

CINQUANTE-CENTIMES, *au fond, arrêtant Rochepelé qui paraît.*

Monsieur! au nom de la belle âme qui se peint dans vos yeux...

ROCHEPELÉ.

Ah! au diable!

LES FEMMES, *se retournant.*

Eh! de Rochepelé.

SCÈNE V

LES MÊMES, DE ROCHEPELÉ.

ROCHEPELÉ.

Mesdames... mille bonjours.

MAGNOLIA.

Eh bien! mon cher, vous ne serez pas en retard pour *dinére?*

ROCHEPELÉ.

Je vais prendre mon absinthie?...

MAGNOLIA.

Et M. de Palaiseau, où l'avez-vous laissé?

ROCHEPELÉ.

Chez Vichy Grand-Grille...

MAGNOLIA.

Venez-vous au bois avec nous?

ROCHEPELÉ.

Non!

POPELINE.

A tout à l'heure, alors...

MAGNOLIA.

Au revoir, cher... au revoir.

CHŒUR.

Air nouveau de M. Thomas.

Toutes les trois,
Au bois,
Nous partons, le temps presse!
Pardon, si l'on vous laisse,
Nous vous verrons ce soir.
Bonsoir! (*ter.*)

(*Elles sortent avec Zidore et Cinquante-Centimes. Malvizé disparaît.*)

ROCHEPELÉ.

Garçon! une absinthe! et le journal!

3e GARÇON.

Voilà, monsieur! (*Il s'arrête devant Rochepelé.*)

ROCHEPELÉ.

Une absinthe et le journal.

3ᵉ GARÇON.

Le journal?... et une absinthe?...

ROCHEPELÉ.

Oui..,

3ᵉ GARÇON, *sortant.*

Bien monsieur.

SCÈNE VI

DE ROCHEPELÉ, PIMPRENELLE, CINQUANTE-CENTIMES, GARÇONS.

ROCHEPELÉ, *seul.*

Il est drôle ce garçon! (*Changeant de ton.*) Ce Pompavoine n'a pas le sens commun !... Il s'est véritablement épris de cette marchande d'éventails!... il veut l'épouser à toute force!... Que le diable l'évente! je n'en ferai jamais rien ! ça contrarie mes plans... il devient serré... et (*fouillant dans ses poches*) je n'ai plus que dix francs... Diantre! il faudra que je fasse ce mariage-là pour en finir.

PIMPRENELLE, *à une dame qui passe au bras d'un monsieur.*

Un éventail, madame? des roses? un bouquet merveilleux?

ROCHEPELÉ.

C'est elle!... si j'essayais!... (*A Pimprenelle.*) Pardon, chère belle.

PIMPRENELLE.

Un bouquet de violettes, monsieur.

ROCHEPELÉ.

Des violettes modestes et parfumées comme vous !... (*Il prend le bouquet.*)

PIMPRENELLE.

Merci du compliment, monsieur. (*Tendant la main.*) C'est deux sous.

ROCHEPELÉ.

Deux sous! vous ne ferez jamais fortune à ce métier-là !

PIMPRENELLE.

Oh! je ne demande pas à faire fortune... gagner le pain de chaque jour... voilà toute mon ambition.

ROCHEPELÉ.

Il est absurde de gâcher ainsi votre existence... car vous êtes jolie comme un cœur...

PIMPRENELLE, *riant.*

Oh !

ROCHEPELÉ.

Ravissante, ma toute belle... et si seulement à la place de cette robe d'indienne vous portiez une robe de soie à volants...

PIMPRENELLE.

Une robe à queue.

ROCHEPELÉ.

Un châle des Indes au lieu de ce fichu... des dentelles... un chapeau Tudor... et des bottines à talons...

PIMPRENELLE.

Alors, je ne serais plus Pimprenelle, la petite marchande d'éventails.

ROCHEPELÉ.

Vous seriez entourée d'hommages... d'adorateurs sans nombre!.. vous auriez des trotteurs anglais... des poneys... un huit-ressorts, un coupé, un panier, des domestiques, des meubles dorés, des tapis et des cachemires.

PIMPRENELLE, *riant.*

Et l'estime des honnêtes gens.

ROCHEPELÉ.

Certainement... puisque c'est un mariage que je vous propose avec un de mes amis, un millionnaire,

PIMPRENELLE.

Tout ça c'est bien beau peut-être... bien séduisant, sans doute, mais, foi de brave fille, je ne m'en soucie guère... ma robe d'indienne me va mieux qu'une robe à queue... Je préfère mon fichu modeste à vos châles et à vos dentelles, et mon petit bonnet tout simple à tous les chapeaux des belles dames... Je ne rêve point de riches mariages, je ne regarde pas plus haut que moi... Dans la famille des travailleurs nous n'avons point de tapis, mais nous n'en sommes pas moins heureuses...

AIR de *Mimi Pinson.*

Comme les noires hirondelles,
Sous les toits nous faisons nos nids ;
Et le bonheur, comme chez elles,
Habite en nos simples taudis.
Nos mansardes sont bien pauvrettes!
Pas de luxe en cet humble lieu !
Soyons modestes!
N'avons-nous pas, riches fillettes,
Le joyeux soleil du bon Dieu?

ROCHEPELÉ.

Oui... mais...

PIMPRENELLE.

Je vous dis que je suis heureuse et que je n'envie rien... Mes deux sous, s'il vous plaît.

ROCHEPELÉ, *lui rendant son bouquet.*

Je n'ai pas de monaie. (*Pimprenelle s'éloigne en haussant les épaules.*)

3ᵉ GARÇON, *servant.*

L'absinthe de monsieur ! Boum !...

ROCHEPELÉ.

Cette petite est une sotte, elle refuse son bonheur, et Pompavoine finira par m'échapper... (*Il avale son absinthe.*) Garçon!... une absinthe !

3ᵉ GARÇON.

Voilà, monsieur!... (*Il sort.*)

(*Rochepelé s'assied et lit le journal.*)

CINQUANTE-CENTIMES, *au fond, à Mouchamiel qui paraît avec Cunégonde.*

Monsieur, au nom de la belle âme qui se peint dans vos yeux!...

MOUCHAMIEL.

Je vais te faire prendre par un sergent de ville !... Va-t'en !

CINQUANTE-CENTIMES.

En voilà un grand sécot qui est brutal!... (*Il disparaît dans le jardin.*)

SCÈNE VII

MOUCHAMIEL, CUNÉGONDE, ROCHEPELÉ, CONSOMMATEURS.

CUNÉGONDE, *entrant avec Mouchamiel.*

Monsieur Mouchamiel, je suis une mère de famille !

MOUCHAMIEL.

Oui, madame, et vous poursuivez jusqu'au bout, malgré vos échecs sans nombre, l'œuvre de vengeance et de réparation. (*Rochepelé en voyant qu'il n'est plus seul, se lève et sort en lisant son journal.*)

CUNÉGONDE.

Ce soir même, il faut atteindre le but! Il va venir ici souper... j'en suis sûre! je veux que ce jour voie la fin des maux qui m'accablent. (*Elle s'assied.*)

MOUCHAMIEL, *s'asseyant à côté d'elle.*

Ah ! si vous m'aviez aimé...

CUNÉGONDE.

Cher monsieur Mouchamiel, il est bien vraisemblable que si je vous avais rencontré dans le monde, quand mon cœur était libre encore, il se serait envolé vers votre âme, si bonne, si douce, si charmante... mais je ne vous connaissais pas, et j'ai cessé de m'appartenir.

MOUCHAMIEL.

Hélas! pour la souffrance de toute ma vie... et pour le malheur de toute la vôtre! car je vous aime! madame, comme on n'a jamais aimé! je vous aime avec la fièvre d'une jeune âme... je vous aime comme une bête... Oh! quelle existence nous avons perdue!... quelles terres de délices n'aurions-nous pas explorées? Mon cœur était fait pour votre cœur... votre cœur pour mon cœur... la vie sans vous... c'est un omnibus sans cheval !...

ROCHEPELÉ, *au dehors.*

Garçon, une absinthe. (*On voit le garçon passer et repasser au fond pour aller servir Rochepelé.*)

CUNÉGONDE.

Oh! oui... oui... c'était le bonheur! mais j'ai épousé un

vampire... un oiseau de proie qui court la prétantaine sous un faux nom, et qui dilapide toute ma fortune. Ah! si je pouvais le faire guillotiner!...

MOUCHAMIEL.
Nous y arriverons peut-être, madame; mais, je vous l'ai déjà dit... le flagrant délit est chose difficile à pincer.

CUNÉGONDE.
Comment cela?

MOUCHAMIEL.
Vous comprenez qu'il y a flagrants délits et flagrants délits. Le flagrant délit est un drame en cinq tableaux, et j'ignore quel est le tableau dont vous vous contenteriez...

CUNÉGONDE.
Peu m'importe... je me contenterai de tous.

MOUCHAMIEL.
Sans doute... mais le premier tableau, qui peut se résumer en une œillade ou un serrement de main, ne suffirait peut-être pas.

CUNÉGONDE.
Alors nous prendrons le deuxième...

MOUCHAMIEL.
Une simple scène de marivaudage ne serait point, je le crains, matière à séparation.

CUNÉGONDE.
Le troisième, alors... Qu'est-ce que c'est que le troisième tableau?

MOUCHAMIEL.
Un bras amoureux entourant une taille cambrée... Une main frémissante cherchant...

CUNÉGONDE.
Quoi?

ROCHEPELÉ, *criant au dehors.*
Une absinthe?

MOUCHAMIEL, *continuant.*
A dénouer une ceinture, à détacher une agrafe... mais on peut dire que la dame se trouvait mal et le corps du délit disparaît aussitôt...

CUNÉGONDE.
Le quatrième tableau?

MOUCHAMIEL.

Air de *Marianne.*

C'est un sourire trop aimable
En murmurant le mot: Ami!
C'est un tête-à-tête adorable
Qu'une lampe éclaire à demi...
C'est un œil tendre
Laissant épandre,
Mille rayons tout chargés de désirs...
La main brûlante,
La lèvre ardente,
Et le silence avec de longs soupirs!...
Voilà des preuves excellentes!
Pour nous, ces délits sont parfaits,
Mais
Il pourrait y avoir des
Circonstanc's atténuantes!

CUNÉGONDE.
Le cinquième tableau... arrivons au cinquième...

MOUCHAMIEL.
Ah! madame, pour le cinquième, la lampe est éteinte, personne n'y voit goutte... il fait nuit!

CUNÉGONDE.
M. Mouchamiel, je me moque de vos tableaux... Nous trouverons ici le baron de Sensitive en compagnie de célibataires de mon sexe et sous un faux nom!... C'est assez... et tous les flagrants délits seront bons devant la cour!!

MOUCHAMIEL.
Encore faudrait-il être témoins de faits positifs.

CUNÉGONDE.
C'est vrai, que faire?

SCÈNE VIII

LES MÊMES, MALVIZÉ *entrant avec le premier garçon dans le cabinet.*

MALVIZÉ, *désignant le pavillon.*
Vous mettrez le couvert de M. de Saint-Avril dans ce cabinet.

MOUCHAMIEL, *à Cunégonde.*
Ah! entendez-vous?

LE PREMIER GARÇON.
Mais, patron, il nous faudrait un garçon d'extra! pour un pareil service!

CUNÉGONDE, *à elle-même.*
Quelle inspiration! (*Elle parle bas à Mouchamiel.*)

MALVIZÉ.
Un garçon d'extra... où diable voulez-vous que j'aille en déterrer un à cette heure?

CUNÉGONDE, *à Mouchamiel.*
Trente francs de plus pour votre journée!

MOUCHAMIEL.
Très-bien! compris! (*A part.*) C'est pour elle! (*La Baronne se retire et se tient à l'écart.*)

MALVIZÉ.
Comment faire?

MOUCHAMIEL, *s'avançant.*
Monsieur!

MALVIZÉ, *sortant du cabinet.*
Monsieur!

MOUCHAMIEL.
Votre désarroi me touche, mais votre embarras me fait plaisir.

MALVIZÉ.
Monsieur, cette plaisanterie...

MOUCHAMIEL.
N'en est pas une... j'ai de l'œil... du physique... du port... du cheveu... un pantalon noir, un habit qu'on peut facilement changer en veste, la cravate blanche, mes doigts dans mon ondoyante chevelure!... ça se redresse! (*Prenant le tablier du Garçon.*) Ce tablier artistement posé autour de la taille... (*Prenant la serviette de Malvizé.*) Cette serviette sous le bras, le jarret tendu! l'oreille au guet, le nez au vent! J'attends vos ordres, patron!... (*A Cunégonde.*) Je dois être méconnaissable.

CUNÉGONDE, *à part.*
Oui... bravo! quel homme!

MOUCHAMIEL, *à part.*
Quelle femme!

MALVIZÉ.
Le garçon demandé!

MOUCHAMIEL.
Que votre bonne étoile vous envoie.

MALVIZÉ.
Possédez-vous le *Boum* traditionnel? je tiens au Boum! je le confesse.

MOUCHAMIEL.
J'en ai fait une étude toute particulière! une glace à madame! un punch à monsieur... Un soldat à mademoiselle! servez terrasse... Boum! Boum! Boum! Boum!

CUNÉGONDE.
Quel homme! quel homme!

MOUCHAMIEL.
Quelle femme!...

MALVIZÉ.
Le Boum me fait plaisir. Vingt francs de cachet, vous servez au pavillon. Joseph! installez monsieur! qu'il soit au courant et vivement!

MOUCHAMIEL, *à Cunégonde.*
Quelle chance!...

CUNÉGONDE.
Une course à faire, et je reviens dîner sur cette terrasse. (*Elle désigne la terrasse du pavillon.*)

MOUCHAMIEL.
Très-bien.

MALVIZÉ.
Allez, jeune homme, allez!

CUNÉGONDE, *bas.*

N'oubliez rien... je suis une mère de famille.

MOUCHAMIEL.

Ça me connaît !

CHŒUR.

Air des *Poletais.*

Garçon d' café-restaurant, allez donc !
Je connais
Il connaît à fond le service,
C'est un trésor, un bonheur, un délice,
Dont l'ciel aujourd'hui vous me fait don.

MOUCHAMIEL.

Boum ! Boum ! Boum ! Boum ! Boum ! (*Cunégonde sort. —
Malvizé disparaît.*

SCÈNE IX

MOUCHAMIEL, LES GARÇONS, ROCHEPELÉ.

ROCHEPELÉ, *rentrant.*

Garçon, une absinthe !...

3ᵐᵉ GARÇON, *servant.*

Voilà, monsieur.
1ᵉʳ GARÇON, *introduisant Mouchamiel dans le pavillon.*
C'est ici que vous servirez.

MOUCHAMIEL.

Jeune homme, je connais mon affaire... Tout est là.

MAGNOLIA, *au dehors.*

Au Petit Moulin Rose.

1ᵉʳ GARÇON.

Ah ! voici les dames du cabinet... attention !... (*Il sort,
Mouchamiel dresse le couvert*).

MOUCHAMIEL.

Je crois que je suis à mon rôle.

SCÈNE X

MOUCHAMIEL, SENSITIVE, ROCHEPELÉ, VICHY GRAND-
GRILLE, POMPAVOINE, MAGNOLIA, PAIMPONDOR,
POPELINE, JEUNES GENS, JEUNES FEMMES, GARÇONS, puis
CUNÉGONDE. (*Sensitive porte un voile vert à son chapeau,
une cravache, un pince-nez, et des gants rouges.*)

CHŒUR.

AIR :

Trouver le plaisir,
C'est le désir
De toute âme joyeuse.
Bande tapageuse,
A nous l'amour
Et les chants jusqu'au jour !

MOUCHAMIEL, *à part.*

C'est lui !

CUNÉGONDE. *au fond à demi cachée.*

Le voilà le monstre !...

SENSITIVE.

Ah ! mes amis, je demande un siége... j'ai les nerfs dans
un état... mon flacon de sels !

MAGNOLIA.

Un homme qui se trouve mal ! ah ! pouah !...

SENSITIVE.

Magnolia ! vous êtes un mauvais cœur !

MAGNOLIA.

Ah ! Alfred ! mon Fredo ! mon Fred ! je croyais que c'était
une plaisanterie. (*A Paimpondor.*) C'est vrai, il a la poitrine
faible. A le voir on croirait qu'il peut dévorer l'Institut...
mais pas du tout. (*A part à Popeline.*) Il avalerait très-
bien les Invalides et le nouveau tribunal de Commerce.

CUNÉGONDE, *à part.*

Elle l'a appelé son Fred ! premier acte du drame infernal.

VICHY.

Ce n'est pas comme moi ! une santé ! (*Il tousse.*)

MAGNOLIA.

Au baume de Tolu et au sirop de bourgeons de sapin.

ROCHEPELÉ, *à Pompavoine.*

J'ai vu Pimprenelle, elle ne voudra jamais de vous pour
mari !...

POMPAVOINE.

Oh ! si elle savait ce que mon cœur !...

ROCHEPELÉ *l'interrompant.*

Mon bon, j'ai six absinthes... payez-les donc ; je n'ai sur
moi qu'un billet de mille.

POMPAVOINE.

Si vous voulez de la monnaie.

ROCHEPELÉ.

Non, non, ce soir ; rien ne presse.

PAIMPONDOR, *à Vichy qui fume*

Ah ! vous êtes intolérable avec votre fumée de cigare !
quelle locomotive ! A bas le cigare !

VICHY.

Jamais ! ça donne du ton.

SENSITIVE.

C'est mademoiselle Paimpondor qui dit : A bas le cigare !
à bas le Londrès ! Mais le cigare c'est la joie, le nectar de
la vie ! c'est le hatchis des houris parisiennes !... l'ambroi-
sie des dieux modernes !!! n'est-ce pas, messieurs ?

TOUS.

Oui,... oui...

CUNÉGONDE, *à part.*

Il fume !... Sardanapale.

SENSITIVE.

Vive le Londrès !

Air du *Petit bordeaux.*

I

Joli cigare à robe blonde,
Enfant des pays étrangers,
Ta senteur vaut pour notre monde
Les doux parfums des orangers.
Pour nous, la vie est un délire,
    Rantanplan tire lire,
Lorsque avec un doigt de xérès,
    On fait brûler un londrès.

TOUS.

On fait brûler un lon lon lou,
    Rantanplan tire lire,
On fait brûler un lon lon lon
On fait brûler un londrès.

CUNÉGONDE, *à part.*

Le sacripant !

POPELINE.

II

Quand sous une sombre pensée
Notre front se plisse un moment,
Quand nous avons l'âme oppressée,
Et les nerfs à l'agacement !
Pour qu'en une minute expire
Rantanplan tirelire,
Ce noir *Mané Thécel Pharès*,
Vite fumons un londrès !

TOUS.

Vite fumons un lon lon lon, etc.

MOUCHAMIEL, *à part.*

Cette petite dame est drôlette !...

MAGNOLIA.

III

Si dans nos murs avec démence
L'étranger guidait ses drapeaux,
Prêts à tout, pour sauver la France,
Sur la poudre des arsenaux
On nous verrait fumer sans rire,
    Rantanplan tire lire,
Pour tout envoyer *ad patres*,
Le plus fin de nos londrès.

Parlé. On est femme !... mais on aime sa patrie !... ah !
mais !...

TOUS.

Le plus fin de nos lon lon lon,
    Rantanplan tire lire,
Le plus fin de nos lon lon lon
Le plus fin de nos londrès !

Parlé. Vive le londrès !...

MAGNOLIA.

Messieurs!... votre esprit m'a donné de l'appétit!... allons dîner. (*Elle entre dans le pavillon.*)

MOUCHAMIEL.

Si ces messieurs veulent passer au pavillon!

MAGNOLIA, *s'asseyant.*

Je vais m'installer en face des z'hors d'œuvre.

SENSITIVE, *apercevant Mouchamiel.*

Hein! mais... c'est la baguette de fusil de ma légitime... sous les insignes d'un garçon de café! oh! oh! ouvrons l'œil.

MAGNOLIA.

A table... j'ai littéralement l'estomac dans mes bottines.

ROCHEPELE, *à part.*

Alors, elle peut se vanter d'avoir un pied d'éléphant!...

TOUS.

A table!...

CHŒUR.

Air des *Enfers de Paris.*

Tin, tin, tin, tin,
Que la folie
Préside à notre festin!
Qu'à table chacun oublie
Le chagrin!
Tin tin tin tin.

(*Ils entrent dans le pavillon et se placent.*)

MAGNOLIA.

Ah! messieurs, ne nous serrons pas... ça gêne ma digestion!

SENSITIVE.

De la place, messieurs... de la place!

CUNÉGONDE, *à Mouchamiel.*

Il est là... vous l'avez vu?...

MOUCHAMIEL.

Soyez paisible!... je veille! montez à la terrasse... allez, allez... nous le tenons!... (*Un Garçon lui tend une soupière qu'il prend pour la porter au pavillon.*) Potage à la bisque! Boum! boum! boum! boum! boum! (*Madame de Sensitive monte à la terrasse. Un Garçon la sert. Vichy tire un paquet de rhubarbe de sa poche et se met en devoir de le préparer en tournant le dos à ses amis.*)

CUNÉGONDE.

Oh! si j'avais rencontré cet homme sur mon chemin quand j'étais jeune et naïve!... (*Un Garçon apporte au fur et à mesure le service de la Baronne.*)

MAGNOLIA.

Ah! messieurs... voilà Vichy qui prépare son paquet de rhubarbe.

VICHY, *vivement.*

Ah! ah!... Eh bien, oui, messieurs, de la rhubarbe!... c'est à cela que je dois ma santé! c'est cela qui me donne du ton... (*Il tousse.*)

SENSITIVE.

Oh! quel potage!... quel potage!!! cette bisque ressusciterait les morts!

CUNÉGONDE, *sur la terrasse.*

Il mange... et moi, je bisque!!!

MOUCHAMIEL, *à Magnolia.*

Madame en prendra-t-elle encore?

MAGNOLIA.

Merci... Ah! voyons, Popeline, ne mets pas les pieds sur les miens! tu m'abîmes mes bottines, puce!...

SENSITIVE, *buvant.*

Le vin est parfait.

MOUCHAMIEL.

Pomard 1848, boum! boum! boum! boum! boum!

MAGNOLIA, *élevant son verre.*

A la santé du baron, notre amphitryon!

SENSITIVE, *se levant.*

Mesdames, à la vôtre!!! Garçon!!! je vous permets de boire à la santé de ces dames.

MOUCHAMIEL.

Monsieur me fait honneur! (*Il prend une bouteille et boit à même.*)

SENSITIVE, *à part.*

Attends un peu.

MOUCHAMIEL.

Excellente, la cave du Moulin Rose, diable! (*Il boit. Désignant Sensitive.*) Il a du bon, ce gros... (*Pompavoine se met à tousser.*)

MAGNOLIA.

Bon, voilà Pompavoine qui a trouvé un grain d'orge dans son assiette... Il s'étrangle! à boire!...

TOUS.

A boire!...

SENSITIVE, *regardant Magnolia.*

Ouf! je commence à aller mieux.

MOUCHAMIEL.

Ah! une œillade... premier tableau, méfiance...

CUNÉGONDE, *sur la terrasse.*

Je bous... je bous! qu'est-ce qui se passe là-dessous?

MAGNOLIA.

Monsieur de Saint-Avril, si vous me regardez comme ça, vous allez m'empêcher de manger... on demande un abat-jour pour les carcels de notre ami.

CUNÉGONDE.

Il la regarde... oh! (*Elle est debout sur la terrasse, prend son assiette et mange tout en regardant au-dessous d'elle et écoutant.*)

MOUCHAMIEL, *sortant du cabinet et buvant à même une bouteille.*

Oui... foi de Mouchamiel, voilà un joli vin... (*Il met la bouteille dans un coin et monte à la terrasse.*)

SENSITIVE.

Magnolia! ma chère belle... je crois que ma gastrite va mieux.

MAGNOLIA.

Ça se voit... vous êtes une belle fourchette.

MOUCHAMIEL, *un peu gris, à Cunégonde.*

Ça marche! ça marche! le vin est bon.

CUNÉGONDE.

Et le délit?

MOUCHAMIEL.

Il va bien le délit! Boum! servez chaud!

MAGNOLIA.

Garçon!

TOUS.

Garçon!

MOUCHAMIEL, *descendant vivement l'escalier.*

Voilà! voilà! (*Il tombe.*) Boum! boum! boum! boum! boum!...

TOUS.

Du vin!

MOUCHAMIEL.

Du même? pomard 1848?...

MAGNOLIA.

Toujours!

MOUCHAMIEL, *criant.*

Sommelier! pomard, 1re 48... servez cabinet jardin! Boum! boum! boum! boum! boum!

SENSITIVE.

Et je vous permets d'y goûter!

MOUCHAMIEL.

Monsieur m'inonde! (*A part.*) Mais il est ruisselant d'amabilité cet homme-là... et si je n'étais pas éperdu de sa femme... (*Il boit.*)

SENSITIVE.

Oh! Magnolia! la terre est pour moi ce soir pleine de parfums! laissez mon bras s'appuyer à votre taille. (*Il veut lui prendre la taille.*)

MAGNOLIA.

Vous êtes énervant! vous me faites avaler de travers! Si vous continuez, je vous préviens que je me fâche!

MOUCHAMIEL, *un peu gris.*

Deuxième tableau! ça va bien! ça va bien! Excellente...

48. (*Il monte à la terrasse.*) Ça marche! ça marche! (*Il lui prend la taille.*) Ça va bien! nous arriverons!

PAIMPONDOR.

Où allons-nous ce soir?

SENSITIVE.

Aux Folies-Marigny... J'ai envoyé le petit Zidore chercher deux loges d'avant-scène!

MOUCHAMIEL, *de plus en plus gris, à Cunégonde.*

Le deuxième service... un nectar. (*Il lui prend la taille.*) Il a dit la taille, comme ça. Tout à l'heure il l'embrassera comme ça! (*Il l'embrasse.*) Troisième tableau, ça va bien!

CUNÉGONDE.

Mais...

SENSITIVE.

Garçon! garçon!

MOUCHAMIEL.

Voilà! voilà! (*Il dégringole.*) Boum! boum! boum! boum!

SENSITIVE.

Du vin!

MAGNOLIA.

Maintenant, je demande du champagne!

TOUS.

Oui, oui! du champagne!

MOUCHAMIEL, *gris complétement.*

C'est ça! du champagne! allons-y.

SENSITIVE, *regardant Mouchamiel.*

Bon! son affaire est claire!

MAGNOLIA, *riant.*

Ah! monsieur le garçon, vous entrez dans les vignes.

MOUCHAMIEL.

Non, mais c'est la gaieté... c'est l'amour. (*Il boit.*) A la santé de ces dames!

SENSITIVE.

Il a raison! Vive l'amour! (*Il embrasse Magnolia.*) Et au Moulin Rose!

TOUS.

Au Moulin Rose!

MAGNOLIA.

Air : *Dans la plaine des Vertus.*

Dans ce palais merveilleux
Que l'on nomme Moulin Rose,
Combien de cœurs amoureux
Ah! ah! ah!

TOUS.

Ah! ah! ah!

MAGNOLIA.

Ont désiré (*bis*) venir effeuiller une rose!

TOUS.

Ont désiré (*bis*) venir effeuiller une rose!

MAGNOLIA.

Dans ce palais merveilleux,

TOUS.

Ah!

MAGNOLIA.

Que les trésors sont nombreux!

TOUS.

Dans ce palais merveilleux,
Que les trésors sont nombreux!

PAIMPONDOR.

I

On y trouve un œil mutin,
De l'esprit... dans les bouteilles...
Et l'on voit soir et matin
A ses tables sans pareilles...

TOUS.

Quoi?

PAIMPONDOR.

Des chattes!

TOUS.

Oui!

PAIMPONDOR.

Des biches!

TOUS.

Ya!

PAIMPONDOR.

Des anges!

TOUS.

Yes!

PAIMPONDOR.

Mais
Des vertus, jamais!

TOUS.

Boum! dzinc! boum! dzinc!

PAIMPONDOR.

Dans ce palais merveilleux,

TOUS.

Ah!

PAIMPONDOR.

Tout se prend, c'est fabuleux!

TOUS.

Dans ce palais merveilleux,
Tout se prend, c'est fabuleux!

MAGNOLIA.

II

On y prend de la gaîté,
De l'absinthe à fortes doses,
Champignons, poulet sauté,
Bref! on y prend... bien des choses!

TOUS.

Quoi?

MAGNOLIA.

Des truffes!

TOUS.

Oui!

MAGNOLIA.

L'ivresse!...

TOUS.

Ya!

MAGNOLIA.

Des huîtres!

TOUS.

Yes!

MAGNOLIA.

Mais
Des vertus jamais!

TOUS.

Boum! dzinc! boum! dzinc!

MAGNOLIA.

Dans ce palais merveilleux,

TOUS.

Ah!

MAGNOLIA.

Tout se prend, c'est fabuleux!

TOUS.

Dans ce palais merveilleux,
Tout se prend, c'est fabuleux!
(*On frappe sur la table et sur les verres.*)
VICHY, *se levant et chantant.*
Air *du Petit Ébéniste.*
Que j'aime à voir autour de cette table
Des cocottes et des cocodès...
(*Il tousse.*)

MAGNOLIA, *continuant.*

Que c'est comme un bouquet de fleurs!
(*Parlé.*) En chœur!

TOUS.

Que c'est z'un vrai bouquet de fleurs!

Tohu-bohu, Sensitive embrasse Magnolia. Mouchamiel rit.)

MAGNOLIA, *à Sensitive.*

Mon ami... finissez. Quand vous serez mon mari vous m'embrasserez tout à votre aise, mais pas avant... si vous voulez que ce soit bientôt, faites *publiér* nos bans!

SENSITIVE.

Toujours sévère!

MAGNOLIA.

Le mariage ou nous rompons! Romprons-nous, où ne romprons-nous pas?

MOUCHAMIEL.

Quatrième tableau! (*Il sort et boit.*)

CUNÉGONDE.

Un baiser! J'ai entendu le bruit d'un baiser.

3

MOUCHAMIEL, *à moitié de l'escalier.*

Ça marche. Il y est. Le quatrième tableau commence, nous le tenons.

CUNÉGONDE.

Mais... (*On frappe sur les verres.*)

MOUCHAMIEL, *redescendant.*

Le champagne demandé, voilà!

SCÈNE XI

LES MÊMES, ZIDORE, CINQUANTE-CENTIMES.

ZIDORE, *à la cantonade.*

Attends, je vais lui porter sa loge et nous partirons. (*Pendant cette scène Mouchamiel boit toujours.*)

PAIMPONDOR, *qui lisait le journal.*

Ah! mes enfants! c'est pas à moi qu'arriverait une chance pareille!

TOUS.

Quoi donc? qu'y a-t-il?

PAIMPONDOR.

On a fait aujourd'hui le tirage de la loterie des cochers de fiacre! Le numéro 69 a gagné le gros lot.

ZIDORE, *qui entre dans le pavillon.*

Hein! quoi? qu'est-ce que vous avez dit? Le numéro 69 de la loterie des cochers de fiacre a gagné le...

PAIMPONDOR.

Le gros lot... cinq cent mille francs! un joli petit magot.

MAGNOLIA.

Une tranche du Pérou...

ZIDORE, *prenant le journal et lisant.*

Soixante-neuf! cinq cent mille francs! mais c'est que c'est vrai tout de même! (*Il se met à danser en agitant le journal au-dessus de sa tête.*)

MAGNOLIA.

Ah çà! qu'est-ce qu'il a?

ZIDORE, *à Sensitive.*

Tenez, gros père, v'là vos loges et vot' monnaie... J'ai fait ma dernière commission! bonsoir le bitume et le macadam! je suis riche!

TOUS.

Riche!

ZIDORE.

Comme le Comptoir d'Escompte ou la Banque de France! et c'est au baron que je le dois! Vive le baron! — Le numéro 69 c'est mon numéro... dans ma mansarde... sur la fêlure... — J'vas l'décoller... J'ai l'moyen de m'payer un autre carreau! A moi les femmes!... vive la joie et bonsoir la compagnie. (*Il sort comme un fou.*)

TOUS.

Il est toqué! (*Magnolia, Paimpondor et Popeline se mettent à la croisée.*)

SENSITIVE, *s'arrachant les cheveux.*

J'ai donné un demi-million! crétin que je suis!

ZIDORE, *dans le jardin.*

Ohé, les autres! à bas la médaille! à l'eau les journaux! au feu les allumettes. Ohé! Pimprenelle! Ohé! Cinquante-Centimes!...

CINQUANTE-CENTIMES, *accourant.*

Qu'est-ce qu'il y a?

ZIDORE.

Il y a que je nage dans l'opulence! Le billet de loterie était bon! J'ai gagné cinq cent mille francs!... Je te fais mon larbin!... (*Criant au dehors.*) Ohé! cocher!... avance ta boîte!... (*A Cinquante-Centimes.*) Cinquante-Centimes, suis ton maître!... tu es le larbin d'un cocodès!... allons toucher mes millions!

CINQUANTE-CENTIMES.

Allons... oh! la! la! quelle veine! (*Ils sortent en dansant.*)

MAGNOLIA, *qui a écouté à part.*

Quelle idée!

CUNÉGONDE, *sur la terrasse.*

Que font-ils?

MAGNOLIA, *aux hommes qui ont allumé des cigares.*

Ah! messieurs, vous savez, après *dîner* je n'aime pas la fumée... passez au billard pendant que nous allons causer un instant.

LES HOMMES.

Au billard!

SENSITIVE.

Nous y prendrons le café!

MAGNOLIA.

C'est ça!

CHŒUR.

Air de *la Mule du Basque.*

Eh hop! eh hop! vive la folie!
Eh hop! eh hop! vive les amours!
Faisons gaîment, pour passer la vie,
Des jours les nuits et des nuits les jours!

MOUCHAMIEL, *complétement gris.*

Ils sont très-gais... je les trouve gentils... ils m'amusent!

CUNÉGONDE, *sur la terrasse.*

Je bous!... je bous!...

SCÈNE XII

MAGNOLIA. PAIMPONDOR, POPELINE, *dans le cabinet,* CUNÉGONDE, *sur la terrasse,* MOUCHAMIEL.

MAGNOLIA

Fermons les portes.

PAIMPONDOR,

Qu'y a-t-il?... explique-toi.

MAGNOLIA.

Chut! (*Elles ferment les portes et s'asseyent.*)

MOUCHAMIEL.

Du nectar!... il n'y en a plus... (*Se levant.*) Garçon de cabinet!... une bouteille!... pour une petite dame!... (*Il sort.*)

CUNÉGONDE, *sur la terrasse.*

Que peut faire Mouchamiel?... Mouchamiel! (*Elle descend l'escalier et sort en le cherchant.*)

POPELINE, *à Magnolia.*

Mais quel est ce mystère?

MAGNOLIA.

Pas de mystère, mesdames. La plus belle idée qui puisse jamais *germer* dans le cerveau d'une faible femme : — Un mariage de cinq cent mille francs, comprenez-vous?

PAIMPONDOR.

Ma foi, non.

MAGNOLIA.

Zidore. Numéro 69. Ça crève les yeux cependant...

POPELINE.

Quel rapport?

MAGNOLIA.

Ah! mesdames!... vous n'avez pas la jugeote facile!! quel est le but de notre vie à toutes les trois? c'est de faire chacune un bon mariage.

PAIMPONDOR.

Oui.

MAGNOLIA.

De Saint-Avril me fait trop attendre.

POPELINE.

Comme Vichy.

PAIMPONDOR.

Comme Anténor.

MAGNOLIA.

Je ne veux pas *rester* fille toute ma vie... je veux me *marier*, et puisque Saint-Avril ne presse pas la publication de nos bans, je change mes batteries... je vais *épouser* Zidore.

POPELINE.

Toi!

MAGNOLIA.

Moi ou vous!... ce que je vous propose, c'est tout simplement une tontine conjugale. Nous nous allions toutes les trois... le petit gamin veut se *lancer* dans le monde!... nous profitons de son désir de *briller* et nous nous faisons *épouser.*

POPELINE.

Toutes les trois ?

MAGNOLIA.

Non... l'une ou l'autre !... Vous ne pouvez vous *dissimuler* que je ne lui suis pas indifférente. Riche : il viendra tout droit à moi... mais si j'échoue... il se rejettera vers vous... Enfin, bref : celle qui l'épousera indemnisera les deux autres en leur comptant à chacune une trentaine de mille francs. C'est une assurance mutuelle, comme je vous l'ai déjà dit, une vraie fontine conjugale.

POPELINE.

Accepté !

MAGNOLIA.

Je dois ajouter qu'il sera sans doute difficile de réussir...

PAIMPONDOR.

Pourquoi ?

MAGNOLIA.

Zidore a une petite future... Pimprenelle, la marchande d'éventails... mais je chercherai un moyen de la lui faire oublier...

PAIMPONDOR.

Alors tout est convenu ?

MAGNOLIA.

Tout ! Nous jurons de nous aider et de nous soutenir !

TOUS.

Nous le jurons.

MAGNOLIA.

Dès demain... je dresse mes batteries matrimoniales, soutenons-nous l'une l'autre, voilà le principal ; je romprai avec Saint-Avril.

POPELINE.

Silence ! les voici.

SCÈNE XIII

SENSITIVE, VICHY, POMPAVOINE, ROCHEPELÉ, MOUCHAMIEL, MAGNOLIA, PAIMPONDOR, POPELINE, CUNÉGONDE. (*Mouchamiel rentre en scène et vient s'asseoir près d'une table à droite*).

LES HOMMES, *entrant.*

Eh bien, mes toutes belles !... cette causerie...

MAGNOLIA.

Nous venons de la terminer.

SENSITIVE.

Alors, nous sommes tout à vous !

MAGNOLIA, *froidement.*

C'est très-aimable !

VICHY.

Un dernier verre de chartreuse au Petit Moulin Rose !

TOUS.

Au Moulin Rose ! (*On verse de la chartreuse.*)

CUNÉGONDE *rentrant.*

Mouchamiel ! impossible de le retrouver !... (*Apercevant Mouchamiel.*) Ah ! le scélérat ! il dort !... Monsieur Mouchamiel !...

MOUCHAMIEL, *gris.*

Ça marche ! ça marche !

CUNÉGONDE.

Il est gris, le malheureux ! le traître ! le bandit ! (*On entend au dehors une orgue de Barbarie.*)

MOUCHAMIEL, *prenant la taille de Cunégonde.*

Au Moulin Rose !... Cunégonde, je t'adore !

TOUS, *dans le pavillon.*

De la musique !... En avant le quadrille !

CHŒUR.

Air du *Pied qui r'mue.*

Vive les gandins !
Les gandins au Moulin-Rose !
Vive les gandins !
L' Moulin Rose et les gandins !

(*On danse. Mouchamiel danse en face de Cunégonde, qui s'arrache les cheveux et qu'il force à danser. Sensitive paraît sur la porte ; sa femme l'aperçoit.*)

CUNÉGONDE.

Ah ! le voilà ! Mouchamiel... Au nom de la loi !... Verbalisez !

SENSITIVE.

Ça sera pour une autre fois, chère baronne !... (*La musique redouble. Sensitive prend l'ombrelle de sa femme et danse devant elle pendant que les hommes et les femmes dansent un cancan échevelé autour de la table, dans le pavillon.*)

RIDEAU.

ACTE III

TROISIÈME TABLEAU

Les Débuts d'un Cocodès

Un petit salon chez Zidore.—Ameublement de couleurs voyantes.

SCÈNE PREMIÈRE

CINQUANTE-CENTIMES *en livrée, gilet rouge, culotte de panne jaune, guêtres grises, un balai à la main et un tablier ;* PIMPRENELLE. — *Au lever du rideau, Pimprenelle est assise dans un fauteuil ; elle pleure en cachant sa tête dans ses mains.*

CINQUANTE-CENTIMES.

Voyons, voyons, ma petite Pimprenelle, pas de fontaine Saint-Michel, hein ! Les larmes ça fait des taches sur le tapis... et c'est moi que je le balaye.

PIMPRENELLE, *pleurant.*

Oh ! c'est affreux !

CINQUANTE-CENTIMES.

Mais non, ma mignonne, mais non, pas trop affreux... C'est tout naturel au contraire... il ne nous manquait que de la fortune pour être des hommes comme il faut... Nous avons gagné la fortune, et nous voulons jouir de nos avantages moraux et physionomistes... voilà tout !

PIMPRENELLE.

Me délaisser, et pour quoi ? m'abandonner et pour qui ?...

CINQUANTE-CENTIMES.

Pour des personnes très-bien, sans vous offenser.

PIMPRENELLE, *se levant.*

Oh ! c'est vous qui soutenez de pareilles femmes !

CINQUANTE-CENTIMES, *à part.*

Elle est ennuyeuse, la marchande d'éventails ! (*A Pimprenelle.*) Voyons, voyons, Nénelle, vous savez... ça pourrait compromettre notre avenir... si monsieur le baron ou monsieur le marquis allaient arriver...

PIMPRENELLE.

Oh ! ça ne lui portera pas bonheur, cette fortune-là, allez, monsieur Cinquante-Centimes. Il verra si la société de ces femmes vaut la mienne !... Elles le ruineront ! Il sera sur le pavé... et ce sera bien fait ! Alors, il voudra revenir à moi ! Ah ! qu'il vienne ! je le recevrai bien !

CINQUANTE-CENTIMES.

Soyez paisible... il a du bon. Il se souviendra de sa petite Pimprenelle en temps et lieu... Vous le reverrez à vos genoux. Mais, dites donc, j'ai les lettres de monsieur à porter à la poste, et ses bottines vernies à astiquer.

PIMPRENELLE.

C'est-à-dire qu'il faut que je m'en aille... Vous me chassez.

CINQUANTE-CENTIMES.

Oh ! la, la, non !... bien au contraire... seulement vous me gênez un peu pour le quart d'heure.

PIMPRENELLE.

Je m'en vais, mais je reviendrai... je veux le voir... lui parler... je veux être bien sûre qu'il ne m'aime plus.

CINQUANTE-CENTIMES.

C'est ça... vous vous expliquerez tous les deux, j'aime mieux ça ! (*A part.*) Décidément, elle est rasante !

PIMPRENELLE.

Au revoir, monsieur Cinquante-Centimes ! vous êtes bon, vous !

CINQUANTE CENTIMES.

Oui ! oui ! bon, comme la galette de la Porte-Saint-Denis !

PIMPRENELLE.

Vous me comprenez...

CINQUANTE-CENTIMES.

Oui, oui, oui, je ne fais que ça !

PIMPRENELLE.

Oh ! certainement ! je reviendrai, et alors... il saura ce que je pense de sa conduite... Il verra ! il verra ! il verra ! (Elle sort.)

SCÈNE II

CINQUANTE-CENTIMES, seul, fermant la porte.

Oui ! oui ! il verra !... Bonsoir, bonsoir, bonsoir ! (Balayent le tapis.) Elle a sali tout mon salon ! Ces petites gens, ça n'a pas l'idée de se décrotter les pieds sur le paillasson ! Oh ! moi, à la place de Zidoré, je romprais carrément avec elle. C'est pas quand on est à la tête d'une position comme la nôtre qu'on se vilipende ! J'en ai t'y une chance tout de même !... Cinq cents francs de gages.... logé... couché... habillé... nourri et lancé !... Car nous voilà lancés ! Nous voyons du monde ! et des femmes, donc ! c'est un miel ! (Bruit de sonnette.) On sonne !... Tournez le bouton, s'il vous plaît... Ah ! que je suis bête ! la clef est en dedans... (Il ouvre, Zidore entre. Il est en gandin.) Tiens ! c'est monsieur !

SCÈNE III

CINQUANTE-CENTIMES, ZIDORE.

ZIDORE.

Oui, je viens de chez mon tailleur.

CINQUANTE-CENTIMES.

Excusez ! monsieur se paye encore un paletot.

ZIDORE.

Oui ! Tenez, John, prenez mon pardessus. (Il lui donne un pardessus.)

CINQUANTE-CENTIMES, le prenant.

Voilà, monsieur.

ZIDORE.

Il n'est venu personne pendant mon absence ? (Il va prendre un cigare sur la cheminée.)

CINQUANTE-CENTIMES.

Ah ! monsieur, une procession !... Le chapelier de monsieur, le cordonnier de monsieur, le gantier de monsieur... (A part.) Ça m'embête le monsieur... (Haut.) Le linger de monsieur, qui m'a dit de dire à monsieur, que monsieur aurait ses chaussettes de soie rose, comme monsieur les avait demandées et comme il les avait promises à monsieur. Ah ! dis donc, tu sais, j'en ai assez, moi, du monsieur, ça me scie le dos !

ZIDORE, allumant son cigare.

Monsieur Cinquante-Centimes, je vous ai pris à mon service. Les domestiques doivent le respect à leurs maîtres, aussi bien que l'obéissance... Ainsi donc, gardons nos distances !

CINQUANTE-CENTIMES.

Ah ! monsieur veut m'humilier ?

ZIDORE.

Je n'humilie personne !... je respecte mon rang.

CINQUANTE-CENTIMES.

Ah ! c'est comme ça ! alors, allez-en chercher un autre qui vous fasse reluire vos escarpins... S'il faut être à la raideur, quand nous sommes en tête-à-tête... je vous rends votre livrée. (Otant son tablier.)

AIR : Ces postillons sont d'une maladresse.

Ah ! c'en est trop, ma dignité s'irrite...
Oser à moi, toi, me parler ainsi !
Holà ! mon compte, et je décompte vite,
Je ne veux pas rester une heure ici !
Fais-moi mon compte ; en deux temps, allons-y !
Tout comme toi, je suis bon gentilhomme,
Je te servais à titre d'ami, mais
Il ne faut pas, mon cher, traiter un homme
Comme on traite un laquais ! (Bis.)

ZIDORE, riant.

Est-y bête, c'têtre-là... Il ne voit pas que je plaisante.

CINQUANTE-CENTIMES.

Comme ça tu fais poser les amis ! elle est bonne ! (Il prend un cigare et l'allume.) Fallait donc le dire.

ZIDORE.

C'est entendu... quand nous serons à huis clos, je te permets le tu... mais... devant le monde...

CINQUANTE-CENTIMES, s'étalant sur un canapé et allumant son cigare.

Je te vouvouye... compris... Alors, écoute-moi. Pimprenelle est venue...

ZIDORE.

Ici !

CINQUANTE-CENTIMES.

Yes, milord !

ZIDORE.

Pauvre fille ! je l'avais oubliée.

CINQUANTE-CENTIMES.

Oui... un peu... et tu sais qu'elle t'aime pour de bon !

ZIDORE.

Cette bonne Pimprenelle ! Il faudra lui envoyer de l'argent.

CINQUANTE-CENTIMES.

Ça ne serait pas adroit.

ZIDORE.

Ah ! bah !... au fait, tu as raison ! Elle me ferait de la morale... Je suis lancé !... au diable les amours populaires !... Ne pensons qu'au joyeux caprice... J'ai voulu être cocodès, soyons cocodès ! ... A peine ai-je mis le pied dans ce monde de mes rêves, que je me sens déjà tout transformé... parole d'honneur !... On dirait qu'avec mes nouveaux habits, me sont venues de nouvelles pensées, en même temps qu'un nouveau langage... Titi du boulevard, je me demandais quel était le vrai but de la vie... mes 500,000 francs m'ont répondu : c'est le plaisir !...

Air du Rondeau des Deux Maîtresses.

C'est le plaisir, cette planète ardente
Dont les rayons sur notre monde ont lui !
Adorons donc l'existence enivrante
Ne laissant pas une heure pour l'ennui !

C'est Chantilly, Vincennes, c'est La Marche
Qui, sur le turf, nous appellent d'abord,
Verts tapis d'herbe où notre luxe marche
Et sur nos pas sème des monceaux d'or !

A nous, gandins, d'émotions avides,
A nous le jeu, ce plaisir infernal !
Nous hasardons, parieurs intrépides,
Cent mille francs sur le cou d'un cheval !

Etre vaincu !... qu'importe la défaite ?
Vaincu ce soir sera vainqueur demain,
De ces combats pour nous la vie est faite,
On a toujours l'espoir du lendemain.

Partout où l'or, l'esprit et l'élégance
Avec éclat donnent droit de cité,
On nous admire, et notre omnipotence
Est un pouvoir qui n'est pas discuté !

A nous les cœurs de plaisir idolâtres !
A l'Opéra, seuls, nous dictons des lois ;
L'avant-scène et l'orchestre des théâtres
Ont des fauteuils où nous trônons en rois !

A nous le gaz qui la nuit étincelle
Dans les salons discrets
Des cabarets !
A nous l'appât de cet or qui ruisselle
En flots de feu
Sur les tables de jeu !

A nous l'amour, les tendresses fragiles,
Passant chez nous comme un mois de printemps
Boudoirs, foyers en intrigues fertiles,
Sont des sérails où nous sommes sultans !

Dans nos soupers, les changeantes recrues
Que Cupidon range sous les drapeaux
Du quart de monde, en troupes accourues
Pour nous charmer ont des trésors nouveaux...

Esprit joyeux qu'enfante le champagne,
Beauté du diable aux enivrants souris,
Éclat du soir qui toujours accompagne
Le frais éclat de la poudre de riz !

Le vieux temps conduisait, on l'assure,
La vie en poste, et par un train d'enfer !
Mais de nos jours, on fait mieux, je le jure,
Elle s'en va par le chemin de fer !

C'est le plaisir lui-même qui nous presse,
Et sur les rails, à tous les yeux surpris,
Par un convoi d'effrayante vitesse
Pousse en sifflant les gandins de Paris !!

Oui, du plaisir, cette planète ardente
Dont les rayons sur notre monde ont lui !
Adorons tous l'existence enivrante
Qui devant nous se déroule aujourd'hui !!

REPRISE DE L'ENSEMBLE.

Oui, du plaisir, etc.

CINQUANTE-CENTIMES.

Tu as laissé éteindre ton cigare !

ZIDORE.

Vive la joie ! v'la mon système ! et j'oublie tout le reste.
(*Il se met à danser.*) Tra, la, la, la, la, la, la, la, la lême.

CINQUANTE-CENTIMES, *chantant.*

Ohé ! les petits agneaux !

ZIDORE, *lui passant la jambe.*

Qu'est-ce qui casse les verres ? (*Cinquante-Centimes tombe sur le derrière : Rochepelé paraît au fond.*)

CINQUANTE-CENTIMES.

Entrez !

SCÈNE IV

Les Mêmes, ROCHEPELÉ, *puis* POMPAVOINE.

ROCHEPELÉ.

Peut-on vous serrer la main, cher ?

ZIDORE.

Hein ! (*Embarrassé.*) Oui, oui ! entrez donc... j'étais en train d'apprendre à mon domestique la manière de saluer les ambassadeurs chez les Turcs. Relevez-vous, John, je vous le permets.

CINQUANTE-CENTIMES.

Oui monsieur. (*A part.*) C'est lui qui les casse, les verres... (*Il sort.*)

ROCHEPELÉ.

Vous n'avez pas vu Pompavoine, mon bon ?

ZIDORE.

Non, pas encore !

ROCHEPELÉ.

Ce diable de Palaiseau me fait terriblement courir aujourd'hui.

ZIDORE.

Fumez un cigare en l'attendant.

ROCHEPELÉ, *prenant un cigare et l'allumant.*

Avec plaisir... Ah çà ! est-ce que vous n'allez pas chercher un logement plus confortable, cher ?... ici vous êtes à l'étroit.

ZIDORE.

Oui ! oui ! en effet... celui-ci ne me paraît pas assez chic ! (*Se reprenant.*) Comme il faut !

CINQUANTE-CENTIMES, *entrant et annonçant.*

Monsieur Trompavoine !

POMPAVOINE, *entrant.*

Pompe, animal ! (*Saluant.*) Messieurs...

CINQUANTE-CENTIMES.

Pompe, monsieur !... (*Cinquante-Centimes sort.*)

ZIDORE ET ROCHEPELÉ.

Ah ! ce cher ami !

ROCHEPELÉ, *lui présentant une facture.*

J'ai passé tout à l'heure chez votre chapelier. Voici votre facture.

ZIDORE, *l'examinant.*

Cinquante francs ! un chapeau !

ROCHEPELÉ.

Non, vingt-cinq ! j'en ai pris un pour moi... et je n'avais pas de monnaie.

ZIDORE à *part, s'asseyant.*

Oh ! elle est de longueur !

CINQUANTE-CENTIMES, *entrant et annonçant.*

Messieurs Vingt-Avril, Fichet-Grandeville, mesdames Bombond'or et Croqueline.

CHŒUR.

Air des *Mousquetaires de la Reine.*

Au nouveau lion
De la fashion,
Déjà réputé
Parmi la beauté,
Nous prédisons tous
Succès parmi nous !
Bientôt tous les cœurs seront à ses genoux !

SCÈNE V

ZIDORE, SENSITIVE, ROCHEPELÉ, POMPAVOINE, GRAND-GRILLE, CINQUANTE-CENTIMES, PAIMPONDOR, POPE-LINE, Jeunes Gens, Jeunes Femmes.

ZIDORE.

Bonjour ! chers, à vous tous une poignée de main ! Et la santé, baron ?

SENSITIVE.

Toujours bien languissante... ma gastrite me travaille !

ZIDORE.

Et vous, Vichy ?

VICHY.

Mon cher, je crois que je vais prendre du ventre. (*Il tousse.*)

CINQUANTE-CENTIMES, *annonçant.*

Mademoiselle Magnolia !

TOUS.

Ah !

SCÈNE VI

Les Mêmes, MAGNOLIA.

MAGNOLIA, *entrant.*

Magolia !... Jeune homme, je m'appelle Magnolia, du chef de mes ancêtres... Vous pourriez ne pas *écorcher* mon nom ? (*A Zidore.*) Cher monsieur, il faudra *changer* de laquais ; celui que vous possédez n'est qu'une moule.

ZIDORE.

Oh ! chère âme, tout pour vous plaire !

CINQUANTE-CENTIMES, *à part.*

En voilà une autruche !

SENSITIVE, *baisant la main de Magnolia.*

Chère belle !

MAGNOLIA, *froidement.*

Ah ! vous voilà ! (*On rit.*)

SENSITIVE.

Cette froideur...

MAGNOLIA.

Elle me plaît. (*A part.*) Je n'ai pas encore rompu... mais... je romprai. (*A tout le monde.*) Mesdames, messieurs, à chacun un *good morningue.* (*Regardant Zidore.*) Ah !

ZIDORE, *inquiet.*

Quoi ? qu'est-ce qu'il y a ?

MAGNOLIA.

Mon ami, je ne vous dis qu'un mot... non... l'Apollon du Réverbère n'était que de la gniognotte auprès de vous !

ZIDORE, *avec enthousiasme.*

Oh ! chère Magnolia...

MAGNOLIA.

Je vous aime ainsi vêtu. Est-il gentil, hein ? avec ça l'œil langoureux, l'air un peu coquin, le pouce dans l'entournure du gilet, la tête de trois quarts, le jarret tendu, le chapeau sur l'oreille... Et alors nous passionnons toutes les âmes... nous enflammons tous les cœurs... nous enchaînons Paris à notre char... les Parisiennes avec... nous trouvons une femme qui nous épouse !... et nous crions à tous nos devanciers, à tous nos rivaux :... Cédez-moi la place !...

ZIDORE, *sans faire attention.*
Lâchez-nous le coude !... A Chaillot !...

TOUS.
Ah ! quelle expression !

ZIDORE.
Oh ! pardon, une expression de boulevard ! un mot de titi.

POMPAVOINE.
Moi qui viens de la province, je le retiens pour son étrangeté.

Air nouveau de M. Chautagne.

Oui, vraiment, le mot est joli,
Quand d'un ennuyeux sur la terre,
On ne peut, sans être impoli,
Se débarrasser... comment faire ?
Ma foi ! voilà l'affaire,
On ne lui dit qu'un mot :
A Chaillot !...
Lâchez-moi donc l' coude !... A Chaillot !

TOUS.
A Chaillot !...
Lâchez-nous donc l' coude !... à Chaillot !

PAIMPONDOR.
Qu'on vienne me dir' : La vertu
Est moins rare que l'on ne pense !...
Turlututu, chapeau pointu !
Je répondrai sans médisance :
Moi, croire à l'innocence ?
Je ne vous dis qu'un mot :
A Chaillot !...

MAGNOLIA.
Beaucoup de gens disent comme ça :
L' conjungo d' libertés fourmille !
J' les connais, ces libertés-là;
Faut pas qu' ça mont' jusqu'à la ch'ville !
Moi, ne pas rester fille !
Je réponds par ce mot :
A Chaillot ! etc.

POPELINE.
On nous assure sans frémir
Que, pour être heureux sur la terre,
Il faut peu manger, moins dormir,
Bien payer son propriétaire,
Être un bon locataire ;
A ça, j' réponds ce mot :
A Chaillot ! etc.

SENSITIVE.
Un jour, si quelqu'un me croyant
Capable de chanter *Macbethe,*
M' disait : L' Lyrique vous attend,
J' lui répondrais : Bien honnête !
Je n' suis pas assez bête
Pour en croire un seul mot !
A Chaillot ! etc.

ZIDORE.
Nos zouaves avaient, dit-on,
Chez eux mis le mot en pratique,
Et pour répondre aux coups de canon
Des ennemis de la Baltique,
Leur chanson héroïque
Finissait par ces mots :
A Chaillot ! etc.

VICHY.
On dit qu' je n' me porte pas bien,

TOUS, *se retournant.*
Parlé. Hein ? quoi ?

VICHY.
C'est moi... si vous voulez le permettre...

(*Chantant.*)
On dit qu' je n' me porte pas bien,
Je m' porte comm' la tour Saint-Jacques,
A tous ceux qui me trouv'nt malade,
Je réponds d'une voix splendide :
Portez-vous comme moi,
Et vot' santé s'ra bonne !

TOUS.
Ah ! Vichy !
Lâchez-nous donc l' coude !... à Vichy !

ZIDORE.
A Chaillot !

MAGNOLIA.
Mon cher ami, comme il est commun, ne nous en servons pas... contentons-nous d'en rire et écoutez-moi.

VICHY.
Nous oyons...

ZIDORE.
Nous sommes tous oies... non tout ouïe !

MAGNOLIA.
C'est demain à deux heures que nous étudions notre fameux quadrille des bêtes.

SENSITIVE.
Le pas de l'Ours !... ça ne nous changera pas !...

MAGNOLIA.
Oui, pour le grand bal costumé que je donne à mon bénéfice... Pas de plaisanterie, n'est-ce pas?... que tout le monde puisse s'y trouver, nous répétons généralement.

TOUS.
Entendu !

ZIDORE.
Convenu !... moi, mes amis, je vous invite à déjeuner; mais, comme je n'ai rien chez moi, il faut que chacun aille aux provisions.

POMPAVOINE.
Ça sera plus drôle !

ZIDORE, *à Magnolia.*
Je vous confie mon porte-monnaie !

POPELINE, *à Rochepelé.*
Il est en bonnes mains !

SENSITIVE, *à part.*
C'est mon numéro soixante-neuf, qu'il mange là !

TOUS.
Aux comestibles !

MAGNOLIA.
N'oubliez pas le homard et les foies gras! j'adore les choses légères.

CHŒUR.
AIR : Complainte du *Pont des Soupirs.*
Au marché, sans marchander,
Que chacun aille demander !
Fruits et volaille faille faille faille faille !

ZIDORE.
N'oubliez pas le vin vieux,
Qui rend le cœur jeune et joyeux.

TOUS.
Ripaille paille paille paille,
Cher ami, croyez-le bien,
Nous ne négligerons rien,
Quand l'argent ne manque pas,
On a vite un repas !

(*Ils sortent.*)

SCÈNE VII

MAGNOLIA, ZIDORE, puis SENSITIVE.

MAGNOLIA, *à part.*
Il est seul... je veux me faire épouser, préparons nos artifices !...

ZIDORE.
Elle reste ! oh! qu'elle est imposante !...

MAGNOLIA.

Mon ami... vous ne nous accompagnez pas chez le rôtis-
seur?

ZIDORE.

Vous accompagner?.. mais vous êtes près de moi... il faut
y rester. J'ai tant de choses à vous dire.

MAGNOLIA.

Oh! moi aussi, moi aussi!... (A part.) Je ne me trompais
pas! son cœur fait tic-tac à mon intention!

ZIDORE.

Eh bien! Magnolia! je n'irai pas par trois chemins de
fer pour suivre une seule route, je vous dirai...

MAGNOLIA, l'interrompant.

Je vous ai compris...

SENSITIVE, entrant.

Eh bien, Magnolia, vous ne venez pas!...

ZIDORE, MAGNOLIA.

Lui!

MAGNOLIA.

Que voulez-vous?

SENSITIVE.

On vous attend? (A part.) Toujours avec ce petit!

MAGNOLIA.

Eh bien! qu'on m'attende? (A part.) Oh! décidément je
romprai.

SENSITIVE.

C'est que c'est vous qui avez le porte-monnaie.

MAGNOLIA.

C'est vrai! je l'avais oublié! (A Zidore.) A tout à l'heure,
mon bébé, à tout à l'heure...

SENSITIVE, à part.

Son bébé!

MAGNOLIA, à Sensitive.

Allez donc, monsieur! je vous suis! (Elle sort.)

SENSITIVE.

Sa froideur m'inquiète... Il faudra voir. (Il sort.)

SCÈNE VIII

ZIDORE, puis CINQUANTE-CENTIMES, puis CUNÉGONDE
et MOUCHAMIEL.

ZIDORE.

Oh! par exemple!.. Voilà un homme qui m'agace horri-
blement... Il courtise de trop près Magnolia, et si je trouve
l'occasion d'amener entre eux une rupture, je ne la laisse-
rai pas échapper.

CINQUANTE-CENTIMES, au fond.

Dis donc... hé!... Zidore!...

ZIDORE.

Quoi?...

CINQUANTE-CENTIMES.

Il y a là une dame et un monsieur qui demandent à te
parler!

ZIDORE.

Dis-leur d'entrer!

CINQUANTE-CENTIMES.

Par ici, madame... par ici, monsieur... Monsieur est vi-
sible. (Il sort. — Entrent madame de Sensitive et Mouchamiel,
qui se confondent en salutations.)

ZIDORE, à part.

Sapristi! les drôles de têtes!!

CUNÉGONDE.

Monsieur, je serai brève!.. et je vous parlerai sans
préambule et sans détours!... Je suis une mère de famille!

ZIDORE.

Je m'en doute, madame, et j'espère que vos bébés se
portent bien...

MOUCHAMIEL.

Madame est sans enfants, mais pourrait en avoir!...

ZIDORE.

Je consens à le croire!..

CUNÉGONDE.

Rendez-le-moi, monsieur!... au nom du ciel, rendez-le-
moi!...

ZIDORE, riant.

Vous le rendre, madame, je ne demande pas mieux...
Mais de quoi s'agit-il?

CUNÉGONDE.

Il est votre ami, jeune homme; ne niez pas, je sais
tout!...

ZIDORE.

Mon ami!

MOUCHAMIEL.

Depuis huit jours que vous êtes lancé dans le monde, il
vous cultive... Il s'est fait votre intime.

CUNÉGONDE.

Et vous pourriez par vos sages conseils lui faire comprendre tout ce que sa conduite a d'épouvantable.

ZIDORE.

Mais qui, encore une fois?... de qui me parlez-vous?...
Nom d'un petit bonhomme, de qui est-il question?...

CUNÉGONDE.

De mon mari, monsieur! je vous parle de mon mari.

ZIDORE.

Votre mari... mais... où prenez-vous votre mari, belle
dame?

MOUCHAMIEL.

Dans monsieur de Saint-Avril.

ZIDORE.

M. de Saint-Avril? Il est garçon.

CUNÉGONDE.

Garçon... marié... Monsieur de Saint-Avril, c'est un nom
que se donne le traître pour courir les ruelles... Il s'appelle
Sensitive, et je suis son épouse.

ZIDORE, à part.

Tiens! tiens! voilà la rupture toute trouvée...

MOUCHAMIEL.

C'est un malfaiteur!

CUNÉGONDE.

Un Sardanapale!... Mais vous, dont l'âme est pure encore! vous dont le regard est bon!... vous dont le cœur
est embaumé comme un bouquet de violettes d'un sou, vous
pourriez...

ZIDORE, à part.

La plaisanterie sera bonne! (Haut.) Oh! madame, monsieur votre mari a goûté du monde interlope. C'est un mari
perdu... Ce ne sont pas mes discours qui le ramèneront
sous le toit conjugal. (A part.) Attends, mon gros Sensitive, à
nous deux!

CUNÉGONDE.

Mais que faut-il faire alors pour le reconquérir? car je
l'aime, voyez-vous! je l'aime! Pour le voir à mes pieds,
tendre et passionné comme autrefois, je serais capable de
tout!

MOUCHAMIEL, à part.

Ah! elle me torture cette femme!...

ZIDORE, qui réfléchissait.

Madame, je veux vous donner un bon conseil.

MOUCHAMIEL, à part.

Tais-toi, mon cœur!

CUNÉGONDE.

Parlez, jeune homme!

ZIDORE.

Le baron aime le luxe, les soupers... les bals... les théâtres... les robes à queue... la poudre de riz et le vin de
Champagne! il faut vous métamorphoser...

CUNÉGONDE.

Moi!

ZIDORE.

Il adore les cocottes du demi-monde... Il faut vous faire
de ce monde-là.

CUNÉGONDE.

Me faire cocotte!... horreur!

ZIDORE.

Oh! en tout bien, tout honneur! transformez-vous comme
un Turc de féerie!... Au diable cette jupe du temps de l'empire... ce corset qui vous fait la taille carrée... Au panier
ce châle rococo... cette ceinture passée de mode... ce cha-

peau cabriolet ! Devenez l'Apollon du Réverbère. Ayez le
paletot à gigot... le col carcan, les bottines à grands talons.
Le pince-nez... le gilet mousquetaire... Le stick et les gants
rouges.

MOUCHAMIEL.

Des gants rouges, pouah !

CUNÉGONDE.

Mais, c'est un costume d'homme que vous me conseil-
lez !...

ZIDORE.

Oui... et non ! c'est tout ce qu'on veut !... c'est affreux...
mais c'est joli !... alors... l'œil en coulisse...

CUNÉGONDE.

L'œil en coulisse ?...

ZIDORE.

Toujours! toujours...Joignez à cela le poing sur la hanche,
le nez haut, le jarret tendu, et vous devenez le type le plus
accompli des dames à la mode !

CUNÉGONDE.

Oh !

MOUCHAMIEL.

Abomination !...

ZIDORE.

Alors vous enflammez les cœurs ! vous avez des adorateurs sans nombre ! vous devenez la reine de Paris, et Sensitive enthousiasmé, ravi, fasciné, vous revient plus amoureux que jamais.

CUNÉGONDE.

Que dites-vous ?

ZIDORE.

La vérité.

MOUCHAMIEL.

Il a raison, madame! Il n'a que trop raison... pour mon
malheur !

CUNÉGONDE.

Oh ! je vous crois, je vous crois, oui, oui,.. je veux être
irrésistible... fascinante, incandescente, avec une redingote
à gigot, des gants rouges, un pince-nez et de la poudre de
riz ! Je le r'aurai, je le r'aurai !... Il me semble que je le
r'rai déjà.

ZIDORE, *lui donnant une carte.*

Alors, allez dès demain à deux heures demander au professeur de grâce et de maintien, dont voici l'adresse : « Rue
de la Chaussée-d'Antin, n° 4. » une leçon de belles manières. Il vous lancera lui-même dans le monde; il vous
présentera comme son élève, et avant huit jours, vous aurez reconquis le cœur de votre infidèle.

CUNÉGONDE.

Oh ! jeune homme ! jeune homme ! vous êtes mon sauveur: demain, à deux heures, j'irai chez votre professeur;
j'y serai, mon sauveur, j'y serai ! (*Elle sort.*)

MOUCHAMIEL, *vivement à Zidore, lui prenant la main.*

Jeune homme, vous m'avez fait bien du mal, mais vous
êtes digne du Panthéon !

ZIDORE.

Vous aussi, monsieur... (*A part.*) Comme paratonnerre.

MOUCHAMIEL, *avec désespoir.*

Oh ! oui ! vous m'avez fait bien du mal !... bien du mal !...
(*Il s'élance au dehors.*)

SCÈNE IX

ZIDORE, PIMPRENELLE.

ZIDORE, *riant.*

Ah ! ah ! ah ! les deux bonnes têtes !... Ah ! monsieur de
Saint-Avril, vous êtes marié et vous vous faites passer pour
célibataire... très-bien ! (*Pimprenelle paraît au
fond.*) Nous conterons cette histoire à Mlle Magnolia, et nous
rirons. (*En se retournant, il aperçoit Pimprenelle qui le regarde.*) Ah ! Pimprenelle.

PIMPRENELLE, *l'examinant avec stupeur.*

Non !... je ne me trompe pas !... j'ai beau chercher à me
faire illusion... c'est vous! c'est bien vous! sous ce costume !

ZIDORE.

N'est-ce pas que je suis joli! hein !

PIMPRENELLE.

Et vous n'avez pas de honte ?

ZIDORE.

Moi ! pas du tout ! du tout ! du tout ! Je me trouve superbe
et je ne suis pas seul de mon avis ! on me déclare généralement assez réussi !

PIMPRENELLE.

Pauvre Zidore... avez-vous donc tout à fait perdu la tête !!
Ceux qui font semblant de vous admirer se moquent de
vous.

ZIDORE.

Pimprenelle, ma petite Pimprenelle, voyons... ne me dis
pas de choses désagréables !...

PIMPRENELLE.

Un pince-nez! des gants rouges!

ZIDORE.

Éh! mon Dieu oui... c'est assez bien porté!

PIMPRENELLE.

Ah! qui m'aurait dit, il y a quinze jours, que je vous verrais
accoutré comme un singe dansant devant un orgue de Barbarie !... Qui m'aurait dit que vous m'abandonneriez pour
un pince-nez !

ZIDORE.

Mais non !... mais non !... je ne t'abandonne pas! qu'est-
ce donc que ces idées-là ? j'allais même t'envoyer par Cinquante-Centimes cent écus et une belle robe de soie !

PIMPRENELLE.

De l'argent! une robe! il ne manquait plus que cela !

Air de Téniers.

Je ne vous ai pas donné, je le pense,
Jusqu'à ce jour le droit de m'insulter!

ZIDORE.

Nenelle!

PIMPRENELLE.

Allez, je pardonne l'offense,
Gardez les dons qu'on devait m'apporter !
De votre aumône aisément acceptée,
Ah! j'aurais plus de honte que d'orgueil !
Car cette robe un jour par moi portée
Serait, hélas! une robe de deuil!

ZIDORE.

Oh! voyons, ne fais pas de mélo! hein! j'haïs ça... faut
pas manger dans les rôles à mame Laurent... tu m'aga-
cerais !...

PIMPRENELLE.

Moi qui l'aimais tant !

ZIDORE.

Puisque je te dis que je t'aime toujours !

PIMPRENELLE.

Eh bien ! si c'est vrai, prouvez-le-moi... quittez ce logement... vos amis... vos amies, ce genre de vie qui vous va
si mal et ces habits qui rendent si ridicule.

ZIDORE.

Mais...

PIMPRENELLE.

Si vous m'aimez, il faut revenir à moi...

VOIX AU DEHORS.

Zidore! Zidore!

ZIDORE.

Allons bon ! les voilà de retour ! (*A part.*) Si on la voit
ici... on va se moquer de moi !...

PIMPRENELLE.

Ah! ce sont vos nouveaux amis qui vous appellent... leur
voix a plus d'empire que la mienne... il vous tarde d'être
auprès d'eux.

ZIDORE.

Pimprenelle !... ma petite Nenelle.

VOIX AU DEHORS.

Zidore !... Zidore !... à table!

PIMPRENELLE.

Allez-vous en manger du jambon truffé... des oies aux marrons truffés et boire du champagne truffé!... Allez! on vous attend! adieu!

ZIDORE.

J'vas te dire! cette vie-là, vois-tu, c'est ma santé pour le quart d'heure... j'ai la poitrine faible... et mon médecin m'a ordonné les truffes.

PIMPRENELLE.

Tenez, vous n'êtes qu'un mauvais garçon!

ZIDORE.

Ah! Pimprenelle. (*A ce moment tout le monde fait irruption dans la chambre.*)

TOUS.

Zidore! Zidore! on demande Zidore!

ZIDORE.

Eh! me voilà.

MAGNOLIA *entrant en mangeant.*

Mon petit bébé, on vous désire.

ZIDORE.

J'y vais, que diable! (*A part.*) Oh! que c'est énervant!

PIMPRENELLE, *à part.*

Son petit bébé!

MAGNOLIA, *d'un ton piqué.*

Ah! monsieur causait d'affaires.

PAIMPONDOR.

Avec sa blanchisseuse, sans doute.

POPELINE.

Ou sa femme de ménage.

PIMPRENELLE, *tombant sur un siége.*

Ah! c'est affreux!

ZIDORE, *bas à Pimprenelle.*

Ne les écoute pas! elles ne savent ce qu'elles disent... Sois sage... Nenelle! je te reverrai! (*Haut.*) Allons, c'est moi qui vous attends maintenant, mesdames.

TOUS.

Au déjeuner!

MAGNOLIA, *à part.*

La petite marchande d'éventails... des larmes... Oh! oh!... s'il tient à cette petite, mon projet ne peut réussir... Mais j'ai une idée... (*Haut.*) A table! à table!

CHŒUR.

Air : *Encore un carreau d' cassé.*

Un déjeuner mal passé
N' vaut pas celui qui passe!
Passons donc vite au déjeuner,
Voir s'il pourra passer!

(*Ils sortent.*)

SCÈNE X

PIMPRENELLE, *seule.*

Oh! non, non, je n'ai plus d'espoir... il ne m'a jamais aimée... je le vois bien! puisqu'il laisse ces femmes se moquer de moi! c'est indigne!... Et je ne peux rien, moi... pour lui rendre la raison! rien pour le ramener à moi...

SCÈNE XI

PIMPRENELLE, MAGNOLIA.

MAGNOLIA, *rentrant et entendant les derniers mots.*

Ma chère demoiselle, vous vous mettez littéralement le doigt dans l'œil... rien au contraire de moins difficile que de le ramener à vos pieds...

PIMPRENELLE.

Vous! vous!... Oh! laissez-moi! je vous connais bien!... c'est vous qui l'appelez votre petit bébé!... c'est vous qui lui avez appris à porter des gants rouges... et un pince-nez!... Enfin c'est vous qui lui défendez de m'aimer encore!

MAGNOLIA.

Mon enfant, vous me supposez des intentions que je n'ai pas. Je viens à votre secours!...

PIMPRENELLE.

A mon secours, vous!

MAGNOLIA.

Oui... j'aime les amoureux et les *protégér* est le faible de mon âme! je viens vous *donnér* un conseil qui, si vous le suivez, vous fera reconquérir votre infidèle.

PIMPRENELLE.

Bien vrai?

MAGNOLIA.

Je vous le jure sur les mânes de mes aïeux...

PIMPRENELLE.

Il abandonnera ses nouveaux amis? ces dames... du demi-monde?

MAGNOLIA.

Il abandonnera tout.

PIMPRENELLE.

Que faut-il faire?

MAGNOLIA.

Exciter sa jalousie!

PIMPRENELLE.

Comment?

MAGNOLIA.

En changeant de ton, de manières, de costume!... en un mot, en devenant une femme à la mode.

PIMPRENELLE.

Et vous croyez que par ce moyen?...

MAGNOLIA.

Vous devez réussir?... c'est infaillible.

PIMPRENELLE.

Oh! vous avez peut-être raison, mais pour faire ce que vous dites, il faudrait...

MAGNOLIA.

Changére de costume, je vous l'ai dit!

PIMPRENELLE.

J'ai deux ou trois mille francs d'économie, je les sacrifie-rai volontiers pour ramener Zidore à moi...

MAGNOLIA.

Et je procéderai à votre travestissement; mais pour *complétér* votre petite comédie, il faudra vous *laissére* faire la cour par quelqu'un.

PIMPRENELLE.

La cour! à moi!

MAGNOLIA.

Oh! pour le bon motif. Car sachez, jeune fille... que je suis incapable de *donnére* de mauvais conseils à qui que ce soit.

PIMPRENELLE.

Ah! je le crois, madame!

MAGNOLIA.

Huit jours suffiront, mais pendant huit jours il faudra vous mentir à vous-même et suivre mes leçons...

PIMPRENELLE.

Oh! oui je commence à comprendre... mais par qui me laisser faire la cour?...

MAGNOLIA.

Ah! dam!

SCÈNE XII

PIMPRENELLE, MAGNOLIA, POMPAVOINE, puis SENSITIVE.

POMPAVOINE, *entrant, une serviette au cou une fourchette à la main.*

Magnolia! on vous attend.

MAGNOLIA, *à part.*

Ah! cet imbécile nous servira... merveilleusement.

POMPAVOINE, *apercevant Pimprenelle.*

Pimprenelle ici!...

MAGNOLIA.

Vous vous connaissez?

PIMPRENELLE.

Oui! Monsieur m'a proposé de l'épouser il y a huit jours!...

MAGNOLIA, *bas.*

Alors, voilà votre amoureux!... laissez-vous *courtisére* (*Elle sort vivement.*)

POMPAVOINE, *avec feu.*

Pimprenelle! oh! mademoiselle Pimprenelle! puisque je vous revois... me permettrez-vous de vous dire encore tout ce que mon cœur... tout ce que mon âme... me permettrez-vous de vous dire... soyez ma femme...

PIMPRENELLE, *à part.*

Ah! Zidore!... Zidore!... c'est pour toi que je vais mentir.

POMPAVOINE.

Oh! dites oui! et donnez-moi votre main!

AIR : *Je suis de Pontoise.*

Je deviens fou... j'en ai la chair de poule!
Faites cesser ma fièvre, mon tourment!..
Mon am' pour vous comme un pigeon roucoule...

PIMPRENELLE.

Je n' sais si j' dois...

POMPAVOINE.

J' vous aime éperdument!
A vous mon cœur; il est en pierr' de taille,
J'y sculpterai mon amour et mes vœux...
Qu'à mon pays avec toi je m'en aille,
Et d' Palaiseau, je s'rai l'homme l' plus heureux!
(*Tombant à genoux.*)
Ah!
Que vot' voix suprême
Me dise aujourd'hui :
Pompavoine, oui,
Je t'aime! (*ter*)

PIMPRENELLE.

Je veux bien! mais à une condition!

POMPAVOINE, *se relevant.*

Laquelle?

PIMPRENELLE.

C'est que vous me laisserez huit jours pour étudier votre caractère.

POMPAVOINE.

Huit jours, quinze, vingt, cent, tout ce que tu voudras!...

MAGNOLIA, *à part, reparaissant au fond.*

Ça va bien! ça va bien!

POMPAVOINE.

J'accepte tout, certain que vous m'aimerez et que dans huit jours je pourrai écrire à Palaiseau : Papa, papa! j'ai trouvé la femme de mon cœur!

PIMPRENELLE.

Alors! c'est dit!

POMPAVOINE.

C'est dit! (*Il tombe aux genoux de Pimprenelle, qui s'assied, et lui embrasse les mains.*)

CHŒUR, *au dehors.*

Air connu.

Va, jeune fille,
Fraîche et gentille,
Sous la charmille,
Où l'amour te suivra,
Pourquoi?
Pourquoi?
C'est pour savoir si le printemps s'avance
Pour chasser l'échéance
De nos climats d'hiver.

SENSITIVE, *entrant et parlant sur le chœur.*

Magnolia! Magnolia! (*A part.*) Le petit n'est pas là!

MAGNOLIA.

Ah! monsieur, à vous voir toujours me *cherchère*, on dirait que je suis votre caniche... je vous prie de ne pas vous *occupère* ainsi de moi.

SENSITIVE.

C'est qu'on en est au champagne.

MAGNOLIA.

Au champagne! j'y vais! (*A Pimprenelle.*) A ce soir, chez moi, petite. Allons, allons, Palaiseau! au champagne! (*Ils sortent. Pompavoine envoyant des baisers à Pimprenelle.*)

PIMPRENELLE, *seule.*

Oh! Zidore! Zidore! nous verrons si tu m'aimes encore. (*Le chant reprend plus bruyant dans la coulisse. Le rideau baisse.*)

ACTE IV

QUATRIÈME TABLEAU

Le Pas de l'Ours

Un boudoir, chez Magnolia. —Ameublement riche.

SCÈNE PREMIÈRE

ROCHEPELÉ, VICHY GRAND-GRILLE, POMPAVOINE, PAIMPONDOR, ZOÉ, Jeunes Gens, Jeunes Femmes. *Au lever du rideau, tous sont groupés autour d'une table et boivent du champagne. Zoé verse dans les flûtes.*

CHŒUR.

AIR : *Toutes les femmes sont à nous.*

Mes amis, buvons le flot d'or
De ce vin qui coule à plein bord! } (*bis*)
Buvons ce vin dont le flot d'or
Emplit nos coupes jusqu'au bord!

SCÈNE II

Les Mêmes, MAGNOLIA, *entrant vêtue en odalisque, puis* SENSITIVE.

MAGNOLIA, *entrant.*

Ah! messieurs!... Ah! mesdames!... On se croirait au cabaret... soyez donc comme il faut!...

TOUS, *buvant.*

A Magnolia!

MAGNOLIA.

Chut! chut! pas si haut... j'ai des voisins... on va vous *trouvère* bien tapageurs... passez-moi un verre!

POPELINE.

Voilà! (*Elle lui donne un verre de champagne.*)

ROCHEPELÉ.

Nous vous attendions avec impatience, belle odalisque.

MAGNOLIA.

Vous dites ça à cause de mon costume!

ROCHEPELÉ

Madame attend feu Mahomet?

MAGNOLIA.

J'attends qui je veux, monsieur, cela ne peut vous *regardère*.

POMPAVOINE.

Ravissante bayadère, faites-moi la grâce de vider une coupe à mes amours!... à ma fiancée!...

PIMPRENELLE, *à Pompavoine.*

Ah! j'ai huit jours pour réfléchir!

POMPAVOINE.

Vous m'aimerez!... je n'ai aucun défaut et je me connais plusieurs qualités...

MAGNOLIA, *à Pompavoine.*

Mon ami, il ne faut jamais se *vantère*... Soyez comme il faut! (*A Pimprenelle.*) Mademoiselle, vous êtes la bienvenue chez moi... Monsieur de Pompavoine veut que je vous donne des leçons de grâce et de maintien pour vous *présentère* convenablement dans sa famille!... Je vous en donnerai... et vous me remercierez, j'en suis sûre... (*Élevant son verre.*) A votre bonheur!

TOUS.

A mademoiselle Pimprenelle! (*On boit.*)

SENSITIVE, *entrant.*

Bonjour tout le monde!

TOUS.

Ah! Saint-Avril!

MAGNOLIA.

Vous voilà encore!

SENSITIVE.

Toujours, et sur les ailes de l'amour.

MAGNOLIA.

Coupez-les, vos ailes, vous me ferez plaisir!

SENSITIVE.

Depuis huit jours, vous me recevez fort mal, madame!

MAGNOLIA.

Ça tient à l'atmosphère, le temps est au variable et le vent vient du nord.

SENSITIVE.

Ça tient à votre costume aussi peut-être!

MAGNOLIA.

Peut-être.

SENSITIVE, *à part.*

Cette femme ne se laissera jamais séduire. (*Haut.*) Qui donc allez-vous recevoir ainsi?

MAGNOLIA.

Le Grand Turc! Mes amis, j'ai besoin de rester un instant seule... passez dans la salle où je fais mes cours... je vous reverrai dans quelques minutes.

PIMPRENELLE, *à part.*

S'il allait ne pas venir.

MAGNOLIA.

Allez! allez!

CHŒUR.

AIR :

Qu'on me cède la place,
Car ici je dois à présent
Rester seule; qu'on fasse
Place nette pour un instant !

TOUS.

Qu'on lui cède la place!
Seule, elle doit dès à présent
Rester, allons, qu'on fasse
Chambre nette pour un instant!

(*Ils sortent.*)

SCÈNE III

MAGNOLIA, ZOÉ.

MAGNOLIA.

Zoé!... Zoé!...

ZOÉ.

Madame!...

MAGNOLIA.

Ma fille, transvase au plus vite, n'importe où, ces bouteilles vides, et fais la toilette de mon salon! (*Zoé emporte le plateau et sort.*) Tâche qu'il y ait un air oriental... j'ai pris un costume du sérail... ça me va à ravir... Zoé!... Zoé!...

ZOÉ, *rentrant.*

Madame!

MAGNOLIA.

Tu rinceras tes verres plus tard... qu'on fasse *brûler* ici des cassolettes du sérail.

ZOÉ.

Oui, madame!

MAGNOLIA.

Qu'on m'apporte ma boîte de pastilles du sérail.

ZOÉ, *prenant sur un meuble une boîte qu'elle lui donne.*

La voilà, madame.

MAGNOLIA.

Mon éventail du sérail?

ZOÉ, *même jeu.*

Le voici madame.

MAGNOLIA.

Je me suis mis de la poudre du sérail et du rouge du sérail... Il faut que tout soit au sérail. Ah! m'a-t-on apporté de chez le libraire le roman nouveau de Ponson du Sérail?...

ZOÉ.

Il est là, madame.

MAGNOLIA.

Très-bien! maintenant, qu'on me laisse seule... Si j'appelle, ne venez pas!...

ZOÉ.

Il suffit, madame. (*Elle sort.*)

MAGNOLIA, *regardant la pendule.*

Une heure! Il va venir... Il ne faut pas qu'il s'en aille sans avoir juré de *m'épouser.* (*On sonne.*) C'est lui!... prenons une pose... ça fait bien dans le paysage... un peu de migraine... pour être intéressante... tout y est!...

ZOÉ, *entrant.*

Madame!

MAGNOLIA.

Quoi?

ZOÉ.

C'est le futur de madame!

MAGNOLIA.

Faites *entrer!*

ZOÉ, *à la porte de droite.*

Entrez, mon prince! (*Elle sort.*)

SCÈNE IV

MAGNOLIA, ZIDORE.

ZIDORE, *entrant et courant à Magnolia.*

Ah! mon âme!... mon soleil... vous êtes éblouissante comme un rayon de lumière électrique!... permettez-moi de déposer à vos pieds les hommages de votre adorateur.

MAGNOLIA, *à part, pendant que Zidore dépose son stick et son chapeau sur une causeuse.*

J'aimerais mieux lui voir *déposer* notre contrat de mariage.

ZIDORE, *à part.*

Qu'elle est belle!...

MAGNOLIA, *soupirant.*

C'est vous, mon ami!... c'est bien vous!...

ZIDORE, *s'approchant d'elle.*

Votre voix tremble!... vous êtes souffrante, ma reine!...

MAGNOLIA.

Ah! Zidore! Zidore! la femme a des faiblesses!...

ZIDORE.

Voulez-vous que j'appelle?

MAGNOLIA.

Gardez-vous-en bien!... C'est peu de chose... un soupçon de migraine!... et c'est vous... vous seul qui pouvez me guérir.

ZIDORE.

Moi!...

MAGNOLIA.

Oh! oui! la femme a des faiblesses... Elle sent en elle des fièvres sans cause... des idées vagues et vaporeuses... Alors sa bouche murmure un nom... elle voit l'insomnie *arriver* avec des papillons rouges... s'asseoir sur son traversin... et la migraine vient après...

ZIDORE.

Oh! bonheur!... mon nom!... vous l'avez prononcé dans vos rêves. La migraine... c'est à ces rêves que vous la devez!... Les papillons rouges! c'est mon souvenir qui les a fait éclore! Oh! papillons, rêves, migraine!... je les bénis en les maudissant... je les exècre en les adorant!...

MAGNOLIA.

Oui... oui. C'est bien cela!... C'est ce que mon cœur éprouve... c'est ce que je *sens remuer* en moi... quand mon âme me crie : voici l'époux de ton cœur, voici le mari de tes rêves!...

ZIDORE.

Moi! Oh! Magnolia! (*A part.*) Qu'elle est belle!... Ce bras... cette main... ce cou... ces puissantes épaules... Oh! là! là! qu'elle est belle!

MAGNOLIA.

Oh! j'ai trop espéré sans doute en rêvant l'avenir à nous deux... mariés... nous enfuyant loin du monde!... allant enfouir au fond des bois... dans une chaumière... notre amour! notre bonheur!...

ZIDORE.

Non... non... vous n'avez pas trop espéré. Magnolia, vous êtes la femme phénomène... Il n'y a pas besoin d'avoir inventé l'eau de mélisse des carmes pour s'en apercevoir... Je vous ai vue, et je me suis dit : cette femme me plaît!... Mon cœur a fait toc-toc comme le vôtre!... j'étais pincé!...

J'avais reçu un coup de maillet sur ma cloche d'amour... Vous êtes la femme que j'ai rêvée... vous êtes l'étoile de mon horizon bleu! (

MAGNOLIA.

Ah! Zidore!...! Zidore!... vous me faites mal en me faisant sourire au bonheur,... un nouvel horizon va s'ouvrir aussi pour moi. Ah! Zidore!... Zidore!... (*Se levant tout à coup.*)

AIR : *Ah! qu'elles étaient bonn's les pommes.*

Ah! quel charme m'asticote!
Ah! quel vertigo me prend!

ZIDORE.

Ah! quel charme m'asticote!
Ah! quel vertigo me prend!

MAGNOLIA.

Ton timbre me ravigote,
C'est un baume restaurant!

ZIDORE.

Ton timbre me ravigote,
C'est un baume restaurant!

ENSEMBLE.

Ah! que d'ivresse!... ah! quel plaisir!
Rien ne pourra nous désunir.

MAGNOLIA.

Je s'rai donc votre bonheur?

ZIDORE.

Vous s'rez ma femme adorée!

MAGNOLIA.

Ami, mon âme éplorée
Rêve en ce moment d' bon cœur!
Ah! ah!

ZIDORE.

Ah! ah!

ENSEMBLE.

Ah! ah!
Ah! ah!

ZIDORE.

Vous, tu s'ras moi, moi, moi, toi,

MAGNOLIA.

Vous, tu s'ras moi, toi, toi, moi,

ENSEMBLE.

Vous, tu s'ras moi, moi, moi, toi.
Vous, tu s'ras moi, toi, toi, moi.

MAGNOLIA.

Ah! quel charme m'asticote!
Ah! quel vertigo me prend! etc.

ZIDORE, *serrant Magnolia sur son cœur.*

Ah! quel bonheur!

MAGNOLIA.

Vous serez mon guide sur cette mer orageuse qu'on appelle le monde! Oh! je suis bien heureuse. (*A part.*) Il m'épousera! Il m'épousera!

ZIDORE.

Oh! votre œil se ranime... vos fraîches couleurs ont reparu... votre migraine est passée, n'est-ce pas?...

MAGNOLIA.

Oui, je me sens mieux.

ZIDORE.

Adieu vos rêves de mariage avec Saint-Avril!

MAGNOLIA.

Oui!

ZIDORE.

D'autant plus que le monstre vous trompait... il est marié!

MAGNOLIA.

Marié!... lui!...

ZIDORE.

Saint-Avril n'est pas son nom! Il s'appelle Sensitive... Le baron de Sensitive!

MAGNOLIA.

Sensitive!... il a pu se *jouere* de moi!

ZIDORE.

Oui.

MAGNOLIA.

Oh! je vais le *flanquère* à la porte!

ZIDORE.

Pas de scandale! J'ai trouvé un moyen... sa femme m'a tout appris... elle veut le reconquérir... et pour arriver à ce but, j'ai imaginé une comédie insensée qu'il faut jouer le plus grotesquement possible.

MAGNOLIA.

Comment?

ZIDORE.

Je lui ai mis dans la tête de singer les filles de marbre pour exciter la jalousie de son mari...et je l'ai envoyé près de vous pour prendre une leçon de bonnes manières.

MAGNOLIA.

Assez! je comprends... et j'ai une idée...

ZIDORE.

La baronne sera ici à deux heures.

MAGNOLIA.

Bien. (*A part.*) Je me vengerai!... et nous romprons!

ZOÉ, *entrant.*

Madame...

MAGNOLIA.

Eh bien, quoi? qu'y a-t-il?... que voulez-vous?

ZOÉ.

Madame, c'est tout le monde qui s'impatiente dans la salle d'armes... ces messieurs et ces dames disent qu'il est l'heure de la leçon pour le quadrille des bêtes!...

MAGNOLIA.

Qu'ils viennent... (*Zoé sort. — A part.*) La petite est là, c'est le moment!... (*A Zidore.*) Fiez vous à moi mon ami, pour que Sensitive retourne près de sa femme!

SCÈNE V

SENSITIVE, ZIDORE, POMPAVOINE, CINQUANTE-CENTIMES, ROCHEPELÉ, VICHY, MAGNOLIA, PAINPONDOR, POPELINE, ZOÉ, *puis* PIMPRENELLE.

TOUS, *entrant.*

Ah! nous avons assez attendu.

MAGNOLIA.

Mes chers amis, veuillez m'excusère...

SENSITIVE, *venant derrière les autres.*

Vous avez eu le temps de le faire mitonner votre mammamouchi!

MAGNOLIA, *à part.*

Il s'est moqué de moi! j'ai envie de le *gifflère.*

SENSITIVE, *voyant Zidore.*

C'était lui!

ZIDORE.

Peut-être bien!

SENSITIVE, *à Magnolia.*

Ah! vous avez des goûts!...

MAGNOLIA.

Tous les goûts sont dans la nature.

AIR :

Chacun sur terre
A
Quelque chose qu'il préfère,
Chacun sur terre
A
Du goût pour ceci, cela.

I

J'aime le cœur qui s'enflamme
Comme un punch, sous de beaux yeux!

PAINPONDOR.

J'aime à voir errer mon âme
Dans des billets d' banque bleus!

POPELINE.

J'idole les friandises !

SENSITIVE.

Moi, j'adore le melon !

MAGNOLIA, *à Sensitive.*

Si vous n' disiez pas d' bêtises,
On vous aim'rait pour de bon.

TOUS.

Chacun sur terre, etc.

II

PAIMPONDOR.

J'aime la jeune finance !

POMPAVOINE.

On aime à m' faire financer !

VICHY.

Magnolia chérit la danse !

MAGNOLIA.

Et j'aime à vous fair' danser !

CINQUANTE-CENTIMES.

J'aime un bon coup de fourchette !

PAIMPONDOR.

J'aime les huîtres surtout !

POPELINE.

J'aime, quand je suis casquette...

TOUS.

Enfin, nous adorons tout !
Chacun sur terre, etc.

MAGNOLIA, *à Pimprenelle qui entre.*

Ah ! il est là, c'est l'instant, montrez-vous et soyez exagérée.

PIMPRENELLE.

Oui, oui, j'aurai du courage ! (*Avec un aplomb affecté.*) Eh
bien, ce fameux quadrille ! quand le dansons-nous ?

ZIDORE *et* CINQUANTE-CENTIMES, *se retournant à la voix
de Pimprenelle.*

Hein !

TOUS.

Oui ! oui ! le quadrille !

PIMPRENELLE

J'ai des inquiétudes dans les tibias (*Elle lève la jambe.*) et
je demande de l'exercice...

CINQUANTE-CENTIMES

Mais c'est Pimprenelle !

ZIDORE

Et elle lève la jambe ! Pimprenelle !... (*Allant à elle.*)
Pimprenelle ici !...

POMPAVOINE, *s'interposant.*

Pardon, cher, mademoiselle est Polonaise... et de grande
famille...

PIMPRENELLE.

Il est toqué !

ZIDORE, *stupéfait.*

Polonaise ! Oh ! oui... c'est à croire que j'ai le plafond
du *Baigneur* dans la cervelle.

MAGNOLIA, *à part.*

Le feu est à la mèche ! gare la bombe ! (*Haut.*) Mes
enfants, voici la minute solennelle ! Que chacun aille choisir son costume ! Tout le monde en bête !

TOUS.

Et toi ?

MAGNOLIA.

Oh ! moi !... En grue ! si j'ai le temps de m'habillér
allez, mes élèves ! aux costumes !

TOUS.

Aux costumes !

CHŒUR,

AIR : *Débuter à l'Opéra.*

Vite, allons, pas de discours !
Que de plaisir l'âme flambe !
Déjà frétille ma jambe
Pour danser le pas de l'Ours !

PAIMPONDOR, *à Vichy.*

Votre bras, cher ?

VICHY.

Avec bonheur !

MAGNOLIA.

Très-vivement que l'on s'apprête.

SENSITIVE.

Sans changer d'esprit et de cœur,
Je puis donc m'habiller en bête !!

REPRISE DU CHŒUR.

(*Tout le monde sort. Au moment où Pimprenelle passe la dernière, Zidore l'arrête et la retient en scène.*)

SCÈNE VI

ZIDORE, PIMPRENELLE.

ZIDORE.

Mademoiselle !...

PIMPRENELLE.

Monsieur !

ZIDORE.

Oh ! vous ne vous éloignerez pas avant de m'avoir écouté !

PIMPRENELLE.

Mais que me voulez-vous ?

ZIDORE.

Ce que je vous veux, ! vous me le demandez ! Tu me
demandes ce que je te veux ! ! Nom d'un pantin ! A la fin
c'est trop fort de café ; tu vas peut-être me soutenir jusqu'au printemps prochain que tu n'es pas Pimprenelle ?

PIMPRENELLE.

Et si j'étais Pimprenelle, en effet, qu'est-ce que cela
pourrait vous faire ?

ZIDORE.

Ce que ça pourrait me faire !... Ah ! je trouve mademoiselle habillée d'une façon ridicule avec une robe à 215 sous
le mètre... avec des dentelles de 1,800 francs et un chapeau
casquette, fumant le cigare et levant la jambe ! Et elle me
demande ce que ça peut me faire, et elle ne rougit pas !

PIMPRENELLE.

Pas plus que vous...

ZIDORE.

Moi je suis un homme, et on défend aux hommes de rou-
gir !... Mais vous, une simple femme... Voyons, c'est pour
me faire enrager, n'est-ce pas ?... c'est un tour que tu me
joues...? c'est pour m'éprouver ?...

PIMPRENELLE.

Mais pas du tout.

AIR : *Le Bon Chemin* (Paul Henrion).

Pour moi, la vie est douce
En ce monde élégant ;
L'autre, je le repousse,
Il était fatigant,
Oui, par trop fatigant !

ZIDORE.

Mais c'est de la folie !

PIMPRENELLE.

C'est le plaisir, c'est la gaîté !
Une fille jolie
Voit luire avec fierté
Sa beauté !
Ah ! ah ! ah ! ah !
A moi l'ivresse
Et la paresse !
A moi, crédules amants !
Dentelles, fleurs, or, bijoux, diamants !

REPRISE DE L'ENSEMBLE.

ZIDORE.

Ah ! ah ! ah ! ah !
Par son ivresse,
Mon bonheur cesse,
Ses plaisirs sont mes tourments,
L'infidèle a trahi tous ses serments !

PIMPRENELLE.

Vous vous êtes fait cocodès, je me suis faite femme du
demi-monde, l'un vaut l'autre.

ZIDORE.

Alors tu m'as oublié ?

PIMPRENELLE.

Comme un air de valse qu'on n'a jamais entendu.

ZIDORE.

Tu ne m'aimes plus... tu me détestes ?

PIMPRENELLE.

Oh ! mon Dieu, pas du tout,.. vous m'êtes tout à fait indifférent, mon cher...

ZIDORE.

Mais je t'aime, moi, je t'adore et je voulais t'épouser !

PIMPRENELLE, *riant.*

Vrai, vous ? Ah ! ah ! Et depuis quand ?

ZIDORE.

Depuis toujours !

PIMPRENELLE.

Tout de suite alors !

ZIDORE.

Tout de suite, non... mais...

PIMPRENELLE.

Tenez, mon cher ; vous voulez vous amuser !... moi aussi... Eh bien, amusons-nous chacun de notre côté !

ZIDORE.

Je ne veux pas...

PIMPRENELLE.

Je ne veux pas !! monsieur commande !

ZIDORE.

Pimprenelle, je vas faire un malheur...

PIMPRENELLE, *riant.*

Noyez-vous... ça n'en sera pas un.

ZIDORE.

Oh ! tu me braves... Eh bien...

PIMPRENELLE.

Ah ! mon cher, je ne vous dis que ça, allez vous promener, comme dit une professeuse !

ZIDORE.

Pimprenelle !

PIMPRENELLE.

(*Lui fermant la porte sur le nez.*) Des nèfles ! (*Elle sort.*)

SCÈNE VII

ZIDORE, *seul.*

Ah ! elle me dit : des nèfles ! et elle s'en va s'habiller en biche ! elle ! elle ! c'est ma faute aussi ! Pourquoi que je me suis fait cocodès ? Mais avait-elle besoin de m'imiter !... Les hommes ont le droit de tout faire, eux... mais les femmes... Ah ! c'est comme ça ! Après tout, ça la regarde !.. je m'amuse, elle s'amuse... amusons-nous... je suis riche, elle n'a rien... (*Réfléchissant.*) Oh ! si elle avait quelque chose, et point de terme à payer ! je commence à croire, moi, que l'argent ne fait pas le bonheur... en s'amusant on s'ennuie, ah bah ! moi je m'amuse pour de bon, et je veux jouir de la vie !

SCÈNE VIII

ZIDORE, CINQUANTE-CENTIMES, *entrant.*

CINQUANTE-CENTIMES.

Dis donc, eh ! chose...

ZIDORE.

Après ?

CINQUANTE-CENTIMES.

Magolia te demande, et v'là la Sensitive et le Mouchamiel !

ZIDORE.

La femme de mon rival... allons, vive la gaîté ! (*Il sort.*)

CINQUANTE-CENTIMES, *le suivant.*

On ne boit pas ici ! mauvaise maison !

SCÈNE IX

ZOÉ, CUNÉGONDE, MOUCHAMIEL *puis* MAGNOLIA *puis* SENSITIVE. (*Cunégonde est habillée en gandine de la manière la plus excentrique et la plus comique ; costume moitié masculin, moitié féminin ; elle porte un pince-nez, des gants rouges, un col carcan et une canne.*)

ZOÉ.

Veuillez attendre un instant, je vais prévenir madame ! (*Elle sort.*)

CUNÉGONDE.

Oh ! Mouchamiel... voici la dernière lutte !

MOUCHAMIEL.

Hélas ! hélas ! si vous m'aviez aimé...

CUNÉGONDE.

Oui, mais je l'aimais, lui, c'est la fatalité qui l'avait voulu ! Enfin, je vais donc le reconquérir ; après cette leçon de maintien et de bonne manières, ce professeur me lance dans le monde, j'enflamme tous les cœurs. J'éveille la jalousie du baron et je le vois revenir à mes pieds, plus tendre, plus amoureux, plus caressant que jamais !

MOUCHAMIEL.

Hélas ! et vous vous séparerez de moi ! que deviendrai-je alors ? (*Bruit au dehors.*)

CUNÉGONDE.

Silence ! quelqu'un !...

MAGNOLIA, *au dehors.*

C'est bien ! assez !.. Je n'aime pas les observations. (*A part, en entrant.*) Jouons ma comédie ! soyons grotesque si je le puis ! (*Elle paraît sur le seuil un fleuret à la main, un masque relevé sur le front, un plastron sur la poitrine. Des sandales d'escrime aux pieds et portant une longue jupe noire bordée de rouge*).

MOUCHAMIEL *et* CUNÉGONDE.

Une femme !

MAGNOLIA.

Madame, veuillez *accepter* ce salut militaire que je vous dédie... (*A Mouchamiel.*) Vous, monsieur, je ne vous salue pas... comme je suis une faible femme, vous me devez le respect !

MOUCHAMIEL.

Madame ! (*A part.*) J'ai vu ce profil grec quelque part...

CUNÉGONDE.

C'est là le professeur ?

MOUCHAMIEL.

De bonnes manières !

MAGNOLIA

Vous chuchoterez demain... Pour le moment nous allons nous occuper de nous (*Elle va déposer son fleuret sur une table.*)

SENSITIVE, *entrant en ours, sa tête à la main.*

Hein ! ciel ! ma femme ! (*Il se glisse derrière un rideau.*)

CUNÉGONDE *et* MOUCHAMIEL.

Hein !

MAGNOLIA.

Je suis à vous !

CUNÉGONDE.

Madame !

MAGNOLIA.

Assez !... vous allez me dire mille choses que je connais ! Je suis avertie de votre visite.

CUNÉGONDE.

Ah !

MAGNOLIA.

Pas d'observations ! (*A part.*) Suis-je assez bien dans mon rôle ?

MOUCHAMIEL.

Elle est drôle !

MAGNOLIA.

Votre époux court la prétantaine... ça ne m'étonne pas... depuis le premier jusqu'au dernier, ils sont tous de même !

Air : *Adieu, je vous fuis, bois charmants.*

D' Paris en Chine, au Kamtschatka,
L'homme est un orgu' de Barbarie,
Pour lui, l'amour est un' polka
Qu'il jou' tout le temps de sa vie.
D' Paris en Chine, au Kamtsckatka,
Il n'existe point d'différence;
Quand l'orgue joue une polka,
C'est toujours un' femm' qui la danse.

Votre orgue de Barbarie joue donc des polkas furibondes et vous voulez mettre en œuvre, pour le ravoir, un moyen qui n'est pas neuf, mais qui n'a jamais manqué son effet, et qui s'appelle la jalousie.

MOUCHAMIEL.

Elle est très-drôle.

MAGNOLIA.

Je comprends ça! la jalousie, c'est mon fort! Bref, vous éprouvez le besoin de vous *lancére* un peu dans le monde?

CUNÉGONDE.

Oui! le reconquérir ou mourir!

SENSITIVE *derrière le rideau.*

Quelle chance!

MAGNOLIA.

Vous m'intéressez! le petit jeune homme d'hier vous a donné les premières leçons... et vous les avez suivies, je le vois... vous êtes très-bien! (*A part.*) Elle est épouvantable!

SENSITIVE *à part.*

Elle a l'air d'un singe!...

MAGNOLIA.

Vous désirez maintenant une leçon de bon ton pour vous *présentére* dans les salons, et *fréquentére* les femmes à la mode.

CUNÉGONDE.

Oui.

SENSITIVE, *à part.*

Par exemple!

MAGNOLIA.

D'abord ma petite dame, vous avez une *coiffure mode Charlemagne!* le cheveu sur l'œil, crépez, crépez-moi le cheveu, le beau, c'est le cheveu crêpé à la chien! à la chien!... (*Elle lui crêpe les cheveux*). Ahi donc! ahi donc! (*A part.*) Je joue mon rôle d'une façon splendide, parole d'honneur.

CUNÉGONDE.

Mais je n'y vois pas!

MAGNOLIA.

C'est un détail!... Donc et pour lors, quand vous arriverez au bal...

TOUS.

Au bal!...

MAGNOLIA.

Eh! bien, après?... Il me semble que je ne vous mènerai pas à Nanterre!... Le bal, voilà le monde, le vrai monde! c'est là que votre infidèle étale sa Violette timide! c'est là qu'il faut *brillére*, c'est là qu'il faut *entrére* pour en sortir couronnée de fleurs.

SENSITIVE, *à part.*

Elle va me la faire danser, miséricorde!

MOUCHAMIEL.

Elle est excessivement drôle!

CUNÉGONDE.

Oui, oui... c'est là que je brillerai... je veux qu'on me porte en triomphe!

SENSITIVE, *à part.*

Oh! c'est le déluge!

MAGNOLIA.

D'abord et d'un, vous entrez la robe traînante, le pincenez bien posé... les bras en anses de vase... vous soulevez votre paupière comme un couvercle de tabatière... et vous faites la prunelle en boule de loto... l'étincelle luit, chacun se dit : voilà une dame très-bien; on vous invite pour la première; naturellement... vous acceptez... l'orchestre donne le signal... et en avant le pas de la Violette timide!

Air : *La mère Michel est veuve.*

I

Le quadrille commence,
Vous vous ballonnez,
Vous vous étalez,
En avant! en cadence!
Et vous vous élancez!
Des ébats,
Du grand pas,
L'heure sonne et vous guide,
Le moulin,
Le pantin,
Le bonsoir du gamin!
Et l'on franchit tout écueil
Avec la Violette timide,
Si l'orteil, avec orgueil,
Vient à la hauteur de votre œil!

(*En chantant ce couplet, Magnolia a dansé en imitant le moulin le pantin et faisant le geste des gamins de Paris. A la fin du couplet, elle lève la jambe d'une façon démesurée.*)

SENSITIVE, *à part.*

Oh! ma tête! ma tête!

MOUCHAMIEL, *transporté.*

Madame... le coup de pied! quel succès! quel rayon de miel! vous avez votre mari dans le pied, madame!

MAGNOLIA.

Soignez le coup de pied.

CUNÉGONDE, *dansant.*

II

Oui, j'comprends à merveille :
D' mon talon coquet
Je frapp' le parquet.

MOUCHAMIEL.

Son aplomb m'émerveille!

CUNÉGONDE.

Et l'on bat le briquet!

MAGNOLIA.

N' craignez rien,
Ça va bien!

MOUCHAMIEL, *dansant.*

Quelle danse intrépide!

TOUS LES TROIS, *dansant.*

Les moulins,
Les pantins
Et l' bonsoir des gamins!
Et l'on franchit tout écueil
Avec la Violette timide,
Si l'orteil, avec orgueil,
Vient à la hauteur de notre œil!
(*Ils dansent en reprenant le refrain.*)

SENSITIVE, *mettant sa tête d'ours.*

Oh! c'en est trop! (*Il s'élance vers sa femme*) Misérable!

MOUCHAMIEL *et* CUNÉGONDE, *poussant un cri et reculant.*

Ah! au secours!

MAGNOLIA.

N' faites pas attention, il est apprivoisé. (*A Sensitive.*) Imbécile, vous allez vous perdre!

SENSITIVE.

Oh!

MAGNOLIA, *à Cunégonde.*

Il ne vous manque plus qu'un peu d'exercice... un grand quadrille... le quadrille des bêtes!...

MOUCHAMIEL *et* CUNÉGONDE.

Le quadrille des bêtes!

MAGNOLIA.

Oui!... et comme l'occasion se présente, saisissons-la!... (*Appelant.*) Par ici!... par ici!...

SCÈNE X

ZIDORE, SENSITIVE, VICHY, ROCHEPELÉ, POMPAVOINE,
CINQUANTE-CENTIMES, MOUCHAMIEL, PIMPRENELLE,
CUNÉGONDE, MAGNOLIA, PAIMPONDOR, POPELINE,
Jeunes Gens, Jeunes Femmes *en costumes d'animaux.*

CHŒUR.

Air : *Mire dans mes yeux tes yeux.*

Le signal
Professoral
Invite au quadrille!
Le signal
Professoral
Chante bacchanal!
Signal !
Le pied qui frétille
Du bal
Attend l' bacchanal!

MAGNOLIA.

Ouf, ça y est, mais c'est fatigant!

MOUCHAMIEL et CUNÉGONDE.

Qu'est-ce que c'est que ça ?

MAGNOLIA.

Les gens à la mode... vous allez danser avec nous le
pas de l'ours dans le quadrille des animaux !

MOUCHAMIEL.

J'en suis!

SENSITIVE, *à part.*

Je rage !

CUNÉGONDE, *à part.*

Oh! Alfred!... Alfred!... c'est pour te ramener au ber-
cail!

ZIDORE, *à part.*

Danse, mon vieux!... danse!... tu vas la danser !

MAGNOLIA.

En place! (*Tout le monde se met en place pour danser.*)

RONDE.

Air nouveau de M. Thomas.

CHŒUR.

Sous la calotte ronde
Tout va bien! (*Bis.*)
Mais tout en ce bas monde
Irait mal
Sans le règne du règne animal!...

GRAND QUADRILLE.

(*Au dernier motif du quadrille, Zidore, qui avait accroché une ficelle à la tête d'ours du Baron, tire la ficelle en criant :*)

ZIDORE.

Tire la ficelle, ma femme !

TOUS.

Ah !

CUNÉGONDE.

Alfred !... lui!

MAGNOLIA.

Baron de Sensitive!... c'est ma vengeance !

MOUCHAMIEL, *s'élançant sur Sensitive.*

Nous le tenons, verbalisons !

SENSITIVE, *lui mettant sa tête d'ours sur la tête et se
sauvant.*

Pas encore !

TOUS.

A l'ours ! à l'ours ! (*On entoure Mouchamiel.*)

MAGNOLIA.

Vous connaissez l' pas d' l'Ours, madame, vous pouvez
maintenant vous présenter dans le monde! (*Tout le monde
se remet à danser autour de Cunégonde et Mouchamiel.*)

CHŒUR.

Sous la machine ronde
Tout va bien ! (*Bis.*)
Mais tout en ce bas monde
Irait mal
Sans le règne du règne animal!...

RIDEAU.

ACTE V

CINQUIÈME TABLEAU

Avant-Scènes et Fauteuils d'Orchestre

Dans la salle même du Luxembourg.

SCÈNE PREMIÈRE

LE MÉNÉTRIER, POLYDORE, ROSE, *en scène,* CUNÉGONDE,
aux fauteuils de première galerie à droite; POMPAVOINE,
ROCHEPELÉ, *aux fauteuils de balcon de face;* PREMIER
SPECTATEUR, DEUXIÈME SPECTATEUR, *aux fauteuils d'orchestre;*
POPELINE, *aux fauteuils d'orchestre;* SPECTATEURS, un
MARCHAND DE PROGRAMMES, un MARCHAND DE LORGNETTES, un
GARÇON DE CAFÉ, PREMIÈRE OUVREUSE, DEUXIÈME OUVREUSE.
— *Les musiciens jouent quelques mesures d'une ouverture,
puis le rideau se lève. — Au delà de la rampe se trouve, à
droite et à gauche, une avant-scène vide, et une seconde
toile levée sur un paysage et sur trois personnages en
scène, le Ménétrier, Rose, Polydore. — C'est la fin d'une
pièce.*

LE MÉNÉTRIER, ROSE, POLIDORE.

Air connu.

Oh! c'est une infamie!
Oui, ça n'a pas d'nom!
Je veux qu'on me marie!
Ell'veut qu'on la marie!
Oui, nous nous marirons!
Sapristi!... nom d'un nom!

LE MÉNÉTRIER.

Monsieur mon neveu! vous êtes un mauvais sujet!...

ROSE.

Mais, papa... Polydore n'a rien fait de mal, je vous
assure!

POLYDORE.

Nous causions bien gentiment,

LE MÉNÉTRIER.

Trop gentiment, jarnidieu!

POLYDORE.

Mais, mon oncle, puisque je vous demande ma cousine en
mariage !

LE MÉNÉTRIER.

Tu la désires?

ROSE.

Il me désire, papa.

POLYDORE.

Je la désire, mon oncle.

LE MÉNÉTRIER.

Et si je ne vous mariais pas, qu'est-ce que vous di-
riez?...

ROSE.

Ça nous serait bien égal!..

POLYDORE.

Nous irions causer d'amour dans les bois!

LE MÉNÉTRIER.

Dans les bois!... alors... je vous marie!

ROSE.

Oh! merci, papa.

POLYDORE.

Oh! merci, mon oncle!

LE MÉNÉTRIER.

Et, en ma qualité de ménétrier... c'est moi qui vous ferai danser!

ROSE.

Oh! merci, papa!..

POLYDORE.

Oh! merci, mon oncle!

LE MÉNÉTRIER, *au public, ôtant ses lunettes.*

Assez!

Air des Carrières de Montmartre.

> Quand vient le couplet final,
> Le jeun' premier s'avance
> Et dit d'un air virginal:
> Messieurs, de l'indulgence!
> Depuis cent mille et un an,
> Chaqu' soir on en fait autant.
> Ça d'vient embêtant,
> J' vas faire autrement.

(*Remettant ses lunettes.*)

> Messieurs, de l'indulgence!

TOUS.

> Depuis cent mille et un an, etc.

(*Le rideau baisse, on applaudit dans la salle. — Les specta-*
teurs assis se lèvent, quelques-uns sortent, d'autres lor-
gnent la salle appuyés sur le dossier de leur stalle.)

LE MARCHAND DE JOURNAUX.

Demandez *l'Entr'acte*, le journal *l'Entr'acte.*, programme
des spectacles, nom et rôles des acteurs, l'analyse de la
grande pièce que l'on va jouer!

LE MARCHAND DE LORGNETTES.

Lorgnettes! de bonnes lorgnettes!...

LE GARÇON DE CAFÉ.

Orgeat, limonade, groseille, des sucres d'orge... bonnes
oranges... Voici, madame! (*Il vend à droite et à gauche.*)

LE MARCHAND DE JOURNAUX.

Demandez *le Moniteur du Soir*, le programme des spectacles, le cours de la Bourse, cinq centimes.

SCÈNE II

LES MÊMES, PIMPRENELLE, SENSITIVE, *puis* MAGNOLIA,
puis MOUCHAMIEL.

SENSITIVE, *entrant avec Pimprenelle dans l'avant-scène du*
rez-de-chaussée de droite sur la scène.

Ma chère Pimprenelle, si vous saviez combien cette soirée me semble belle et splendide!... Tout l'or de la Cali-
fornie ne remplacerait pas pour moi cette bienheureuse
avant-scène.

PIMPRENELLE.

Vraiment, monsieur le baron.

SENSITIVE.

Je vous adore... soyez ma femme!

PIMPRENELLE.

Vous savez que je vous ai donné huit jours pour étudier
votre caractère. Je vous répondrai dans huit jours. Si d'ici
là vous êtes trop impatient... je vous prierai de chercher
femme ailleurs, comme je l'ai déjà dit à M. Pompavoine.

SENSITIVE.

Méchante! petite méchante! votre cruauté m'exaspère!
moi qui vous aime tant!

PIMPRENELLE.

Dans huit jours nous verrons.

SENSITIVE.

Cependant...

VOIX DANS LE THÉÂTRE.

Il l'embrassera! il l'embrassera pas! si! si! non! non! il
l'embrassera.

PIMPRENELLE, *à Sensitive.*

Ah! finissez, ou je me fâche!

CUNÉGONDE *à la première galerie.*

Cette banquette me fait l'effet d'une carde de cardeur! il
ne vient pas! qui peut le retenir?

ROCHEPELÉ, *à Pompavoine.*

Vous avez eu de la peine à avoir ces deux places?

POMPAVOINE.

Vingt-cinq francs. Vous me devez douze francs cinquante.

ROCHEPELÉ.

Plus tard, je n'ai pas de monnaie.

POMPAVOINE, *à part.*

Il n'en a jamais.

ROCHEPELÉ.

Ah! voilà le baron... Pimprenelle est avec lui. (*Il désigne*
Sensitive à l'avant-scène du rez-de-chaussée.)

POMPAVOINE.

Hélas! elle m'a planté là.

PREMIER SPECTATEUR, *à son voisin.*

Ce n'est pas fameux ce qu'on vient de jouer là.

DEUXIÈME SPECTATEUR, *type de vieux militaire.*

Oh! oh! ce n'est qu'un lever de rideau... C'est pour
donner au public le temps d'arriver.

PIMPRENELLE, *à part, regardant dans la salle.*

Je ne le vois pas!

MAGNOLIA, *paraissant au fond à l'entrée des fauteuils*
d'orchestre.

Billets d'auteur... 17 et 19.

PREMIÈRE OUVREUSE.

Là-bas! au fond... devant le monsieur à cheveux gris!

POMPAVOINE.

Ah! Magnolia!

CUNÉGONDE, *l'apercevant.*

La sauteuse!

MAGNOLIA, *passant entre les fauteuils.*

(*A Rochepelé.* Bonjour, cher!.. bonjour... ça va bien? (*Au*
deuxième spectateur) Pardon, monsieur, je vous demanderai
la permission de *passer!*

DEUXIÈME SPECTATEUR, *avec humeur.*

Passez, madame.

MAGNOLIA, *à Popeline, qu'elle rejoint.*

Ce monsieur a le caractère mal fait!... Bonjour, mon
amie!

POPELINE.

Bonjour, ma biche!

CUNÉGONDE, *voyant entrer Mouchamiel à la première galerie.*

Ah! le voici!

DEUXIÈME OUVREUSE, *à Mouchamiel.*

Votre billet, monsieur?

MOUCHAMIEL.

Je vais parler à quelqu'un... à madame... je ressors, que
diable!! nous sommes dans l'entr'acte...

CUNÉGONDE.

Eh! bien?

MOUCHAMIEL, *se plaçant à côté d'elle.*

Tout va bien... j'ai gagné le chef d'orchestre... et en ma
qualité d'ex-tambour de la garde nationale je me suis intro-
duit dans la peau d'âne du timbalier.

CUNÉGONDE.

Bravo!

MOUCHAMIEL, *à Cunégonde.*

Vous le voyez, trop chère ingrate, pour moi je ne recule
devant aucun détail!... Je suis juste au-dessous d'eux, au
moindre mouvement et quel qu'en soit l'acte, je bats des *ra*
et des *fla* pour vous avertir... vous descendez et nous verbalisons.

CUNÉGONDE.

Oh! Mouchamiel! vous étiez digne de faire partie des
chevaliers de la table longue.

MOUCHAMIEL.

Ronde! pardon!

CUNÉGONDE.

Allez! allez et veillez, mon chevalier!

MOUCHAMIEL.

Oh! si vous m'aviez aimé! (*Il sort; cris des marchands.*)

SENSITIVE, *à Pimprenelle.*

A vous mon cœur... mon âme... ma vie... à vous mes
quarante mille livres de rente.

PIMPRENELLE.

Taisez-vous ou je sors.

PREMIER SPECTATEUR, *au deuxième.*

Est-ce que vous venez souvent ici, monsieur le baron?

DEUXIÈME SPECTATEUR.

Eh! eh! quelquefois, les actrices sont jolies!

PREMIER SPECTATEUR.

Vous aimez les jolies femmes?

DEUXIÈME SPECTATEUR.

J'en conviens, ma foi! j'en conviens!

MAGNOLIA, *à part.*

Hum! pauvre ami!

PREMIER SPECTATEUR.

On dit que dans la pièce nouvelle...

DEUXIÈME SPECTATEUR.

Oui, il y a, dit-on, de jolis couplets... (*Mouchamiel paraît dans l'orchestre des musiciens.*

MAGNOLIA.

Oh! charmants!... charmants!... les auteurs sont de mes amis.

POPELINE.

Tais-toi donc!...

DEUXIÈME SPECTATEUR, *sans répondre à Magnolia.*

Heu! heu! de jolis couplets. Je n'ai pas trop fait attention à cela! quand je vais au spectacle, moi... j'admire les épaules... les mollets... c'est la vraie littérature...

MAGNOLIA.

Crétin! La conversation de ces gens-là me tape sur les nerfs! J'ai bien envie d'aller prendre une bavaroise.

MOUCHAMIEL, *à l'orchestre des musiciens, frappant sur la timbale.*

J'y suis.

LE MARCHAND DE PROGRAMMES.

Demandez le *Moniteur*... le programme des spectacles.

DEUXIÈME SPECTATEUR.

Ici!

LE MARCHAND DE PROGRAMMES.

Voilà, monsieur; je vous rapporte votre monnaie dans l'instant!...

MAGNOLIA, *à elle-même.*

Ma foi, oui, je vais prendre une bavaroise.. (*A Popeline.*) Viens-tu?

POPELINE.

Non, je reste...

MAGNOLIA, *au deuxième spectateur.*

Monsieur, je vous demanderai la permission de *passère.*

DEUXIÈME SPECTATEUR.

Encore!... (*A part.*) C'est insupportable.

MAGNOLIA.

Décidément! ce monsieur a le caractère mal fait!

POMPAVOINE.

Oh! cet entr'acte n'en finira pas!

ROCHEPELÉ.

Mon cher, c'est toujours comme cela, les jours de première... Il faut attendre que la salle soit pleine!

CUNÉGONDE, *se penchant à la galerie, à Mouchamiel.*

Eh bien?

MOUCHAMIEL.

J'y suis! je veille!

SCÈNE III

LES MÊMES, CINQUANTE-CENTIMES.

CINQUANTE-CENTIMES, *entrant, à l'ouvreuse.*

Le fauteuil vingt, ma petite mère!... Je viens me payer la première des *Cols Cassés!*

L'OUVREUSE, *lui désignant une place.*

Là, monsieur!

CINQUANTE-CENTIMES.

Mazette! c'est luxueux ces places-là. Ah! il n'y a pas de patères.

MAGNOLIA, *rentrant.*

Pristi! deux francs cinquante une bavaroise! C'est le prix d'un pain de sucre!... (*Au deuxième spectateur.*) Pardon, monsieur, je vous demanderai la permission de *passère.*

DEUXIÈME SPECTATEUR.

Ah! c'est ennuyeux à la fin!

MAGNOLIA.

Vous dites!... On est libre j'ose *supposère.* Si vous ne vous trouvez pas bien là, allez vous asseoir sur la place Saint-Sulpice. (*Cris de marchands.*)

LE MARCHAND DE JOURNAUX.

Demandez le programme!... les biographies de messieurs Detroges... Murray... Denizot... de mademoiselle Hortense Cavalié...

CINQUANTE-CENTIMES.

Eh! marchand! passez-moi la biographie de môssieu Denizot... je le connais, moi... c' tartisse-là! nous avons été aux bains à quatre sous ensemble! (*On rit.*)

MAGNOLIA.

La biographie de mademoiselle Cavalié. En voilà une charmante fille... C'est moi qui lui ai appris à *dansère.*

CUNÉGONDE.

Cet entr'acte n'en finira pas!

SCÈNE IV

LES MÊMES, ZIDORE, PAIMPONDOR *entrant dans l'avant-scène du rez-de-chaussée, à gauche sur le théâtre.*

PIMPRENELLE, *apercevant Zidore.*

Le voici!

ROCHEPELÉ.

Ah! voilà notre jeune gandin et sa nouvelle conquête! l'épousera-t-il, celle-là?

CINQUANTE-CENTIMES, *apercevant Zidore.*

Le patron... Eh! bonjour! Eh! Chose! Machin! réponds-moi donc!... Oh! il fait sa tête parce qu'il est dans une avant-scène... mais je suis dans un grand confortable!...

PAIMPONDOR, *à Zidore.*

Mon cher, vous auriez pu avoir une autre loge que ce manteau d'arlequin... la rampe me fait mal aux yeux, et puis on ne verra pas ma toilette...

MAGNOLIA, *à Popeline.*

Le voilà!

ZIDORE.

Une autre loge!... impossible! tout était loué d'avance! que voulez-vous... un soir de première.

PAIMPONDOR, *à Zidore.*

Faites donc attention... vous vous asseyez sur ma robe...

ZIDORE.

Parbleu!!! une crinoline à faire une cloche aux buttes Montmartre! (*Il lorgne la salle.*)

PAIMPONDOR, *le pinçant.*

Je vous défends de lorgner dans la salle.

ZIDORE.

Oh! si vous me pincez, ma chère amie, je vous lâche.

PAIMPONDOR.

Vraiment!

ZIDORE, *à part.*

En voilà une que je vais envoyer à la balançoire!

CUNÉGONDE, *faisant des signes à Mouchamiel.*

Eh! eh! eh!

MOUCHAMIEL.

Ils sont là... impassibles!... Ça viendra avec la musique.

ZIDORE, *apercevant Pimprenelle.*

Elle!... elle ici... avec cet homme! Oh! non! non! c'est assez, je ne puis la laisser comme ça!

PAIMPONDOR.

Qu'est-ce que vous avez? asseyez-vous donc!

ZIDORE.

Oui!

PIMPRENELLE, *à part.*

Comme il me regarde!

SENSITIVE.

Mon amie, votre froideur me glace! Galathée!... Galathée!... Quand donc pourrai-je animer la statue?

PIMPRENELLE.

Ah! vous êtes ennuyeux!

MAGNOLIA.

Oh! j'ai oublié mon mouchoir au café. (*Se relevant et au deuxième spectateur.*) Pardon, monsieur, je...

DEUXIÈME SPECTATEUR.

Décidément, c'est insoutenable!

MAGNOLIA.

Si vous n'êtes pas satisfait, vous savez, monsieur, vous pouvez sortir!

ROCHEPELÉ.

Bon! voilà Magnolia qui se fait des affaires.

MAGNOLIA.

On aurait dû le laisser au vestiaire, ce monsieur, avec ses genoux... (*Au deuxième spectateur.*) Ne vous rasseyez pas, je reviens...

VOIX, *dans la salle.*

La toile! la toile! la toile! (*On frappe du talon. Les musiciens entrent à l'orchestre et accordent leurs instruments. Mouvement général.*)

AUTRES VOIX.

Le Pied qui r'mue!... le Pied qui r'mue!...

CINQUANTE-CENTIMES, *se levant.*

Taisez donc vos grelots... là-haut! (*On rit.*)

VOIX.

A la porte!... à la porte!... (*On frappe les trois coups.*) Silence! Assis... assis...

DEUXIÈME SPECTATEUR.

Enfin! (*L'ouverture commence.*)

PREMIER SPECTATEUR.

Danse-t-on dans la pièce?

DEUXIÈME SPECTATEUR.

Parbleu!!!

PREMIER SPECTATEUR.

Tant mieux! j'ai vu dix-sept fois *Paris la Nuit*, rien que pour le quadrille...

SENSITIVE, *à Pimprenelle.*

Oh! chère étoile de mon ciel... divine aurore de mon horizon... cette musique me transporte. Dites-moi que vous m'aimerez... (*Mouchamiel tape à faux sur sa timbale. On rit.*)

CUNÉGONDE.

Ah!

LE CHEF D'ORCHESTRE.

La! la! la! la!... imbécile...

ZIDORE, *à part.*

Oh! il lui prend la taille!

SENSITIVE.

Donnez-moi tout votre amour; laissez tomber sur l'amadou de mon cœur l'étincelle d'un de vos regards... (*Mouchamiel tape à faux de nouveau. Rires.*)

CUNÉGONDE.

Ah!

LE CHEF D'ORCHESTRE.

Si... si... si... mais c'est un infirme que cet être-là!...

ZIDORE.

Je bous.

SENSITIVE.

Laissez-moi serrer cette taille divine (*Il lutine Pimprenelle.*)

VOIX, *dans le théâtre.*

Il l'embrassera!... Il ne l'embrassera pas! (*Les voix continuent. Mouchamiel frappe sur sa timbale.*)

MOUCHAMIEL.

A nous!

ZIDORE, CUNÉGONDE.

Ah! (*Zidore s'élance vers l'avant-scène en bousculant tout le monde. Cunégonde sort des fauteuils de première galerie. Le chef d'orchestre s'arrache les cheveux en criant : C'est infect! Tout le monde se lève. Tohu-bohu général! Les musiciens jouent faux.*)

MOUCHAMIEL.

Ah! nous vous tenons donc enfin!... (*Il saisit Sensitive par le cou et le tire à lui.*)

SENSITIVE.

Ah! coquin!...

ZIDORE, *à l'avant-scène.*

Ah! vous insultez Pimprenelle!... je vous tuerai! (*Il le soufflette.*)

CINQUANTE-CENTIMES.

Bravo! bravo!... ksi! ksi!!!

VOIX.

A la porte! à la garde!!!

SENSITIVE.

Ah!!...

MOUCHAMIEL.

A moi!.. (*Il saute sur la scène, une timbale à la main. Zidore soutient Pimprenelle, qui se trouve mal.*)

SENSITIVE, *lui enfonçant la timbale sur la tête.*

Oui, à toi!!! (*Il cherche à passer sous la toile.*)

CUNÉGONDE, *entrant dans l'avant-scène.*

Ah! Il m'échappe!...

MAGNOLIA.

Ma place! je demande ma place!

CRIS.

A la porte! à la garde!

RIDEAU.

SIXIÈME TABLEAU

La Botte des Borgia

Un jardin de restaurateur aux environs de Ville-d'Avray. Bosquets. A droite, entrée du restaurant. Au fond, un kiosque élevé de quelques marches et se fermant par une double persienne. Tables, chaises, etc.

SCÈNE PREMIÈRE

MAGNOLIA, PAIMPONDOR, POPELINE. *Au lever du rideau elles sont assises à une table à gauche. Magnolia parle. Les deux autres écoutent.*

MAGNOLIA.

Il faudrait voir, mes chères amies, à me comprendre un peu... voilà la situation... elle est claire et limpide. Zidore est frit comme un éperlan... il a trois duels sur les épaules.

POPELINE.

Trois duels!!!

MAGNOLIA.

Ni plus, ni moins.

PAIMPONDOR.

Mais il n'a insulté que le baron de Sensitive...

MAGNOLIA.

Vous croyez cela, vous; si vous me laissiez parlére sans m'interrompre, vous sauriez déjà la fin du fin de la fin... Hier soir, après le spectacle, Pompavoine et Vichy Grand-Grille sont allés *trouvére* Zidore de la part de Sensitive pour *arrangére* l'affaire... l'ex-titi, qui n'a pas d'usage, les a reçus comme un chien dans un jeu de quilles... il a décerné à Pompavoine une paire de soufflets et Vichy Grand-Grille qui regagnait la porte au plus vite, a encaissé un mémorable coup de pied. Je n'ai pas besoin de vous dire où!...

POPELINE.

Voyez-vous cela!!! le petit démon.

MAGNOLIA.

Bref! ces trois messieurs ont soif de vengeance. C'est ici que doit avoir lieu la triple rencontre... Je regarde Zidore comme mort... Si le baron le manque, Vichy ne le manquera pas, et si Vichy fait long feu, Pompavoine lui cassera la tête...

PAIMPONDOR.

Ça me paraît inévitable... mais pourquoi nous as-tu fait venir à ce restaurant de Ville-d'Avray, à sept heures du matin?

MAGNOLIA.

Eh! têtes sans cervelle, comprenez-moi donc... puisqu'ils se battent dans le bois, ils passeront ici...

POPELINE.

Je le veux bien... après?

MAGNOLIA.

Après!!! Si Zidore est tué, qui héritera de sa fortune?

POPELINE.

Sa famille...

MAGNOLIA.

Il n'en a pas!!! les héritiers, il faut que ce soit nous.

PAIMPONDOR ET POPELINE.

Nous!!!

POPELINE.

Comment réussir?... Il doit avoir écrit un testament!...

MAGNOLIA.

Cela m'est indifférent... s'il a écrit un testament, il griffounera un codicille et le codicille coupe l'herbe sous le pied du testament... j'ai été dans le barreau... ça me connaît. . (*Tirant trois feuilles de papier de sa poche.*) Voici trois feuilles de joli papier timbré... j'en garde une... à vous les deux autres... (*Elle leur donne le papier.*) Quand e petit viendra...

AIR du *Charlatanisme.*

Il faut le faire s'émouvoir ;
Préparez vos trucs et vos armes !
Soignez la scène du mouchoir,
Allez-y gaiment de vos larmes.
Pour vaincre toute opposition,
Mes chattes, je vous le rappelle,
La femm' toujours à l'occasion,
Doit t'nir à sa disposition
Dans son œil l'eau du puits d' Grenelle !
Toute l'eau du puits de Grenelle.

Zidore est attendri... il trace dix lignes, et nous avons chacune cent mille francs... Il nous doit bien cela pour ne pas nous avoir épousées... (*Les femmes serrent le papier timbré dans leur poche.*)

POPELINE ET PAIMPONDOR.

Oh ! oui... bravo, Magnolia.

MAGNOLIA, *appelant.*

Garçon !...

LE GARÇON, *accourant.*

Madame...

MAGNOLIA.

Trois chocolats... et n'oubliez pas les brioches... *Zidore et Cinquante-Centimes sont entrés en scène.*)

SCÈNE II

LES MÊMES, ZIDORE, CINQUANTE-CENTIMES. *Ce dernier tient à la main une boîte de pistolets et porte sur son épaule une charge de fleurets, de sabres et de carabines.*

ZIDORE.

Bon appétit, mes amours...

LES TROIS FEMMES.

Zidore !!!

ZIDORE.

Vous avez voulu me souhaiter un heureux voyage et me mettre en route pour l'autre monde... c'est gentil... c'est très-gentil !!! Au moins comme ça, j'aurai des gardes-malades si j'en réchappe avec une patte ou deux de cassées...

MAGNOLIA.

Cher ami.

CINQUANTE-CENTIMES, *à part.*

Qu'est-ce qu'elles font ici ? Je flaire quéq'chose de pas joli.

MAGNOLIA.

Zidore, vous ne savez pas... nous nous sommes dit ce matin : notre ami court un danger... nous offrirons notre sang pour racheter le sien !!!

PAIMPONDOR ET POPELINE.

Oh ! oui...

MAGNOLIA.

Ah ! que ne pouvons-nous, au prix de notre vie, empêcher ces horribles duels.

PAIMPONDOR ET POPELINE.

Oh ! oui...

MAGNOLIA.

Mais, hélas ! c'est impossible !!!

PAIMPONDOR ET POPELINE.

Oh ! oui.

MAGNOLIA.

Tout à fait impossible !!! Un héros comme notre Zidore ne recule pas... ne recule jamais !!! et nous n'avons pas voulu vous laisser courir à la mort sans vous revoir encore.

PAIMPONDOR ET POPELINE.

Oh ! non...

CINQUANTE-CENTIMES, *à part.*

Voyez-vous ça !!! mais qu'est-ce qu'elles veulent ?

POPELINE.

Nous nous sommes levées avant le jour pour vous dire un dernier adieu...

PAIMPONDOR.

Pour vous embrasser une dernière fois...

MAGNOLIA.

Ah ! si je pouvais prendre votre place !! Mais hélas ! pas moyen...

ZIDORE.

Allons, vous êtes de bonnes filles !!

CINQUANTE-CENTIMES, *à part.*

Méfiance !!

MAGNOLIA.

Et cependant, vous n'avez pas été gentil avec moi... vous aviez juré de m'épouser et quand je vous parlais de la mairie vous cassiez toute ma vaisselle et vous ne m'en avez jamais racheté d'autre !! Un oubli de votre part !! Mais est-ce que je puis penser à ces choses-là dans un pareil moment !!

CINQUANTE-CENTIMES, *à part.*

Si ce n'est une carotte, au moins c'en est le feuillage !

PAIMPONDOR.

C'est comme moi... vous m'aviez fait le même serment... et quand je vous le rappelais, vous avez déchiré mes guipures... Ah ! vous aviez la main bien malheureuse ; mais vous êtes en danger, j'oublie tout.

CINQUANTE-CENTIMES, *à part.*

La carotte pousse !...

POPELINE.

Vous m'aviez, comme à Magnolia, comme à Paimpondor, promis d'être mon mari... et vous avez brisé mon cœur !... mon pauvre cœur.

CINQUANTE-CENTIMES, *à part.*

La carotte fleurit !!

LES TROIS FEMMES.

Ah ! vous nous avez fait bien souffrir... mais nous vous pardonnons de bon cœur !

ZIDORE.

Oui vous êtes mes bonnes amies, votre affection me touche !

AIR de *la Sentinelle.*

Oui, malgré moi, je me sens tout ému,
Votre langage en mon cœur a fait naître
Une douleur, un remords impromptu ;
Je fus méchant, hélas ! sans vouloir l'être.
Chez vous, enfants, c'est vrai, j'ai tout cassé,
Vos porcelaines... vos guipures...
Votre âme... enfin, que du passé
Le souvenir soit effacé...
Je paîrai toutes mes fêlures !

Seulement il faudrait du papier timbré. Comment s'en procurer ici ?

MAGNOLIA, *vivement, sortant sa feuille de papier.*

Du papier timbré !... Ah ! voilà par exemple qui est bien extraordinaire ; j'avais rendez-vous ce matin avec mon tapissier pour un règlement et je me trouve avoir la feuille dans ma poche !... est-ce assez renversant !! (*Elle tend sa feuille à Zidore.*

ZIDORE, *souriant et la prenant.*

Heureux hasard ! (A *Paimpondor.*) Et vous, ma petite Paimpondor, en cherchant bien ne trouveriez-vous pas ?...

PAIMPONDOR, *tirant sa feuille.*

Un timbre carré ?... J'en ai toujours, on ne sait pas ce qui peut arriver...

POPELINE, *même jeu.*

C'est comme moi.

ZIDORE, *la prenant.*

Embrassez-moi toutes les trois, mes petits anges !... Vous êtes très-fortes. (*Elles l'embrassent.*)

MAGNOLIA, *à part.*

Ça y est !! (*Haut.*) pauvre ami !.. (*Le garçon paraît, rangeant dans le kiosque.*)

ZIDORE.

Dans une minute j'aurai soldé toutes mes dettes... (*Appelant.*) Garçon !..

LE GARÇON, *entrant.*

Monsieur appelle ? (*Voyant Cinquante-Centimes.*) Tiens, Cinquante-Centimes !!

CINQUANTE-CENTIMES.

Bah ! toi ici ?

LE GARÇON.

Oui... sommelier... une bonne place.

ZIDORE.

De l'encre... une plume,... de la cire, une bougie et trois enveloppes.

LE GARÇON.

A l'instant, monsieur... (Il sort.)

CINQUANTE-CENTIMES, bas à Zidore.

Deviens-tu fou ? Que vas-tu faire ?

ZIDORE, de même.

As pas peur...

MAGNOLIA, aux deux femmes.

Mais il va tout seul... c'est charmant.

ZIDORE.

Mes bonnes amies, je mettrai chaque codicille sous enveloppe cachetée, et dans deux heures, si la chance a tourné contre moi, ce qui me paraît très-probable...

MAGNOLIA, sanglotant.

Ah ! taisez-vous !

ZIDORE.

Vous vous présenterez chez mon notaire qui déchirera les enveloppes et vous délivrera vos legs...

MAGNOLIA.

Mon ami, vous nous mettez l'âme à l'envers. (Les trois femmes pleurent.)

CINQUANTE-CENTIMES.

Grandes eaux de Versailles !

ZIDORE.

Ne pleurez pas. Vos larmes finiraient par noyer mon courage.

LE GARÇON, apportant les objets.

Voilà, monsieur.

ZIDORE, à Cinquante-Centimes, en lui donnant sa bague.

Cachète avec cette bague... (Il écrit.)

MAGNOLIA, bas aux femmes.

La redoute est emportée d'assaut... le codicille flamboie sur toute la ligne... Mes amies, le chocolat nous réclame...

PAIMPONDOR, de même.

Mais nous resterons ici jusqu'au conclusum !...

MAGNOLIA.

Bien entendu, et, une fois la catastrophe... en route chez le notaire...

ZIDORE, donnant les enveloppes aux femmes.

Mes chères amies, voici pour les fêlures, les cassures, les écorniflures... Et maintenant, adieu pour toujours. Allez sur la lisière de la forêt attendre l'heure du combat... puis, quand vous m'aurez vu rendre le dernier soupir... un dernier regard... une dernière pensée, et criez-moi : Bon voyage, Zidore !...

MAGNOLIA, sanglotant.

Ah ! ah ! ah ! Zidore... vous me brisez le cœur... Vous me navrez !... adieu ! adieu !

Air de la Grâce de Dieu.

Adieu, vous, mon rêve de femme !

PAIMPONDOR.

Adieu, vous, mon horizon bleu !

POPELINE.

Adieu, vous, soleil de mon âme !

CINQUANTE-CENTIMES, prenant une chaise et faisant semblant de jouer de l'orgue.

Adieu, les trois carott's, adieu !

MAGNOLIA.

A vous, notre pensée entière !

TOUTES LES TROIS.

Nous emportons votre souvenir !

MAGNOLIA.

Pauvre ami, dans votre prière.
Songeant à nous, pense à mourir !

TOUTES TROIS.

Adieu !
Zidore, adieu !
A la grâce de Dieu !
Adieu !
A la grâce de Dieu !

(Elles sortent.)

SCÈNE III

ZIDORE, CINQUANTE-CENTIMES.

CINQUANTE-CENTIMES.

Mais ce sont des gredines, des scélérates, des anthropophages !... elles n'ont qu'une idée fixe, sais-tu bien, c'est qu'on t'embroche le plus vite possible...

ZIDORE.

Qu'est-ce que ça me fait, après tout ? J'en suis revenu de ces femmes-là... je sais ce qu'en vaut l'aune... quand elles me pleureraient pour tout de bon, je n'en serais ni plus ni moins embroché...

CINQUANTE-CENTIMES.

Pristi !... t'es devenu philosophe !... (Montrant un des sabres qu'il tient à la main.) N'empêche que c'est peu drôle de se faire loger un machin comme ça dans le creux de l'estomac... Dis donc... une idée... si nous brûlions la politesse à tes trois occiseurs ?...

ZIDORE.

Merci... pour ne plus pouvoir fouler le bitume sans entendre dire : « Vous voyez bien ce petit-là... c'est une poule mouillée... c'est un capon !... » Tu bats la breloque, mon vieux... je m'alignerai comme un homme... et, qui sait, j'en sortirai peut-être... un coup de maladresse est si vite fait.

CINQUANTE-CENTIMES, secouant la tête.

Dam !... ils sont trois...

ZIDORE.

Je sais bien... mais quand même ils seraient dix, ils ne me tueront jamais qu'une fois... (Il s'assied à gauche et pense.)

CINQUANTE-CENTIMES, à part.

C'est vexant... je vais me trouver sans place.

ZIDORE, riant.

Si seulement je connaissais une botte secrète... mais en fait de bottes je ne connais que les miennes ! C'est ma faute, j'ai voulu être cocodès, j'en subis les conséquences... c'est bien fait... fallait pas que j'y allé !...

CINQUANTE-CENTIMES.

Comme ça, tu regrettes le temps où nous n'avions pas le sou ?

ZIDORE.

Ah ! ma foi, oui... c'était le bon temps !... ouvrir les portières et embrasser Pimprenelle, c'était le bonheur...

CINQUANTE-CENTIMES.

(Oh ! oui !...

ZIDORE.

Pauvre fille ! c'est par dépit qu'elle s'est faite cocodette !... c'est moi qui l'ai perdue ! j'en jurerais !... Ah ! elle m'aimait bien celle-là ! si je suis tué, je lui laisse toute ma fortune, elle sera riche !... Elle me regrettera peut-être !... si je ne suis pas tué, je l'épouse !... mais, voilà, serai-je tué ou ne le serai-je pas ?...

CINQUANTE-CENTIMES, tombant sur une chaise.

Ah ! bon, v'là que je larmoie à présent !... c'est-y bête !... et pas moyen de sortir de là !... oh ! si... si... je trouverai un truc !... J'ai bien inventé celui des cinquante centimes qui a fait ma gloire, j'en inventerai bien un autre ! (Se levant avec un cri.) Ah !...

ZIDORE.

Quoi ?...

CINQUANTE-CENTIMES.

J'ai trouvé !... j'ai trouvé !...

ZIDORE.

Trouvé !... Il est fou !

CINQUANTE-CENTIMES.

Oh ! que nenni !... et tu ne te battras pas, mon bonhomme, et tu épouseras Pimprenelle, c'est moi qui te le dis !

ZIDORE.

Explique-toi...

CINQUANTE-CENTIMES.

Tout à l'heure... tout à l'heure ! (Il sort vivement.)

ZIDORE.

Il est fou... ma parole d'honneur !...

SCÈNE IV

ZIDORE, MOUCHAMIEL, CUNÉGONDE.

CUNÉGONDE, au dehors.

Mouchamiel ! Mouchamiel !

ZIDORE, entendant sa voix.

Je parie deux francs cinquante que voilà une bonne dame qui vient me prier de ne pas me battre ou de me laisser tuer par son cher époux... (Il s'assied sur le bord de la table et songe. Mouchamiel et Cunégonde paraissent au fond.)

CUNÉGONDE.

Monsieur Mouchamiel, vous nous avez égarés... nous arriverons trop tard... tout sera fini !...

MOUCHAMIEL.

Calmez-vous, madame, c'est ici, vous dis-je. (Après-

vant Zidore.) Et tenez, j'avais raison... voici celui que nous
cherchons !

CUNÉGONDE

Oh ! que le ciel en soit loué ! (A Zidore.) Jeune homme !
jeune homme !

ZIDORE, se levant.

Madame...

MOUCHAMIEL

Ne l'interrompez pas !

CUNÉGONDE

Vous savez tout ce que j'ai souffert... tout ce que je
souffre... tout ce qu'il m'a fait souffrir... et tout ce que
vous m'avez fait souffrir vous-même ?...

ZIDORE

Madame...

MOUCHAMIEL

Ne l'interrompez pas !

CUNÉGONDE

Je vous pardonne la Violette timide, le pas de l'Ours.

ZIDORE, riant.

Vous êtes bien bonne...

MOUCHAMIEL

Ne l'interrompez pas !

CUNÉGONDE

Je vous pardonne le paletot gandin... le pince-nez...
tout enfin, si vous consentez à me rendre la plus heureuse des femmes...

MOUCHAMIEL

Et moi le plus heureux des mortels ; consentez, noble
jeune homme, consentez !

ZIDORE

Je vous comprends, mais c'est impossible, je dois me
battre et je défendrai ma vie...

CUNÉGONDE

Non ! rendez la paix à l'été de ma vie, éclaircissez mon
horizon, mettez dans mon ciel sombre un rayon lumineux...
Ne le tuez pas ! ne le tuez pas ! car je l'aime encore... oui,
je sens que je l'aime encore... (Elle tombe sur une chaise.)

MOUCHAMIEL, à part à Zidore.

J'aime à vous voir ce mâle courage... bravo, jeune
homme... Défendez-vous bien surtout !... ne vous laissez
pas tuer au moins !...

ZIDORE

Comment !... que voulez-vous dire ?

MOUCHAMIEL

Fendez-vous à fond.

ZIDORE, riant aux éclats, bas à Mouchamiel.

Ah ! bon ! ah ! bien ! j'y suis... une... deux... couic ! vous,
vous voulez que madame soit... ? Soyez paisible... comptez
sur moi...

CUNÉGONDE, allant à Zidore.

Oh ! oui, bon jeune homme, nous comptons sur vous...

ZIDORE

Je ferai de mon mieux...

MOUCHAMIEL

Là, dans ce pavillon... nous attendons pantelants, l'issue
de la rencontre...

CUNÉGONDE, à Zidore.

Il vivra !... Espoir et courage !...

MOUCHAMIEL, prenant le bras de Zidore, bas.

Ne le manquez pas, hein ! « Sors vainqueur d'un combat
dont cet ange est le prix !! » (A Zidore.) Ne le manquez pas !
(Mouchamiel et Cunégonde sortent, Mouchamiel soutenant
Cunégonde.)

SCÈNE V

ZIDORE, CINQUANTE-CENTIMES.

ZIDORE.

Eh ! bien, à la bonne heure !! celui-là du moins prie pour
mon saint !! il est vrai que c'est pour le sien en même
temps...

CINQUANTE-CENTIMES.

(Entrant.) C'est fait ! c'est fait !

ZIDORE.

Ah ! enfin, t'expliqueras-tu ! Qu'as-tu fait ? Qu'as-tu trouvé ?

CINQUANTE-CENTIMES.

La botte des Borgia !

ZIDORE.

La botte des Borgia !

CINQUANTE-CENTIMES.

Un peu que je dis.

ZIDORE.

Du poison ! malheureux !

CINQUANTE-CENTIMES.

Ah ! Est-ce que j'ai la physionomie de feu la veuve B
villiers ? Que faut-il pour nous tirer d'affaire honorableme
Mettre nos trois hommes dans l'impossibilité de t'occ
sans leur faire grand mal, bien entendu...

ZIDORE.

Sans doute, si ça se pouvait... mais...

CINQUANTE-CENTIMES.

Ça se peut, et il n'y avait que ceci à se dire : mon fi
domestique est l'ami du sommelier de l'établissement
Ville-d'Avray est à deux pas... trois minutes et demie p
aller, autant pour revenir, total, un demi-quart d'heu
et il est huit heures moins vingt-cinq... les pharmaciens
ouverts...

ZIDORE.

Les pharmaciens ?

CINQUANTE-CENTIMES.

Je suis de retour. J'ai vu le sommelier et... la botte
dans la bouteille. (Il désigne le sommelier, qui entre avec
plateau, des verres et une bouteille.)

LE SOMMELIER, posant les verres et la bouteille.

Je pose ça là.

CINQUANTE-CENTIMES, lui donnant un louis.

Pour ta peine.

LE SOMMELIER.

Merci.

ZIDORE.

Allons, je me fie à toi ! Dans un quart d'heure au p
tard le baron et les deux autres seront ici. Nous avons
temps d'aller voir si Pimprenelle est au rendez-vous que
lui ai donné !... (Il sort.)

CINQUANTE-CENTIMES.

Allons-y ! Ah ! rentrons la ferraille. (Il prend les pistol
les épées, etc.)

SCÈNE VI

MOUCHAMIEL, CUNÉGONDE, CINQUANTE-CENTIMES, SOMMELIER.

MOUCHAMIEL, à Cunégonde.

L'heure s'avance, et rien encore... patientez, m
femme... patientez. (Au Sommelier.) Garçon, du madère.

LE SOMMELIER.

Deux verres ?

MOUCHAMIEL.

Un seul ! madame n'en prend pas. (Il entre dans le
villon avec Cunégonde.)

LE SOMMELIER, à Cinquante-Centimes.

Oui, monsieur... Dis donc, est-ce qu'il est de la botte

CINQUANTE-CENTIMES, riant.

Parbleu ! il faut bien qu'il en soit !! (Le sommelier pr
la bouteille et entre dans le pavillon.) En voilà une b
magnifique !! Oh ! mon Borgia, je te remercie !! (Apercev
au fond Sensitive, Pompavoine, Vichy et Rochepelé.) Les
codès... attention ! ouvrons l'œil, mais n'ayons pas l'ai
(Il sort.)

SCÈNE VII

MOUCHAMIEL, CUNÉGONDE dans le pavillon, SENSITI POMPAVOINE, VICHY GRAND-GRILLE et ROCHEPE (Ils portent des épées et des pistolets.)

SENSITIVE.

Huit heures moins cinq... le rendez-vous est pour h
heures. Nous sommes en avance.

ROCHEPELÉ.

Qu'est-ce que vous avez donc, Pompavoine ? vous ê
pâle !...

POMPAVOINE.

Moi ?... non... je n'ai rien... c'est le grand air...

VICHY.

Auriez-vous peur, par hasard, Pompavoine ?

POMPAVOINE.

Moi ?... non... c'est le grand air.

SENSITIVE.

C'est comme moi... tout comme moi... Vous ne le cr
riez pas, mes chers bons... Eh bien ! la fraîcheur du ma
agit d'une façon déplorable sur mon organisation appe
vrie... Elle me donne de petits tremblements nerveux...
ne faudrait point s'y tromper.

ROCHEPELÉ, riant.

Est-ce bien la fraîcheur ?

SENSITIVE, avec dignité.

Marquis, pas un mot de plus !... (A part.) On voit b

qu'il ne se bat pas, lui ! (*Haut.*) Brrr! je prendrais bien un tonique pour me réchauffer !...

VICHY *et* POMPAVOINE.

Moi aussi... (*Appelant.*) Garçon!

LE SOMMELIER, *sortant du pavillon avec la bouteille.*

Ce sont eux... Que désirent ces messieurs?

ROCHEPELÉ.

Quatre madères.

LE SOMMELIER.

Voici, messieurs... Madère 1789... Excellent! excellent!

ROCHEPELÉ, *prenant un verre.*

A votre santé, mes très-bons!

(*Les trois hommes prennent chacun un verre et trinquent d'une main tremblante.*)

TOUS LES TROIS.

A la vôtre?

ROCHEPELÉ, *riant.*

Ah ça! mais, dites donc, vous tremblez comme la feuille...

TOUS LES TROIS.

Au contraire... (*Ils boivent.*)

LE SOMMELIER, *à part.*

Ça a passé comme une lettre à la poste! (*Il sort.*)

SENSITIVE.

Dites donc, Vichy, quelle arme avez-vous choisie?...

VICHY.

Le pistolet... et vous?

SENSITIVE.

L'épée... et vous Pompavoine?

POMPAVOINE.

Le sabre.

SENSITIVE.

J'imagine qu'il ne doit pas être très-fort à l'épée, ce bonhomme-là... un ci-devant titi...

ROCHEPELÉ.

Eh! bien, mon cher, c'est là ce qui vous trompe... J'ai des renseignements... il paraît qu'il est fort comme un Turc.

SENSITIVE, *inquiet.*

J'aurais peut-être bien fait de choisir autre chose.

ROCHEPELÉ.

Le pistolet?... ça ne valait pas mieux... Il débouche onze bouteilles de champagne en douze coups!

VICHY, *terrifié.*

Fichtre!

POMPAVOINE, *préoccupé.*

Et au sabre?

ROCHEPELÉ, *riant.*

Plus fort qu'au pistolet.

TOUS TROIS.

Diable!

SENSITIVE, *après un temps.*

Et vous croyez que nous sommes absolument obligés de nous battre contre lui, les uns après les autres?

ROCHEPELÉ.

Dame! naturellement, puisque s'il tue les deux premiers... il faudra bien que le tour du troisième arrive!...

POMPAVOINE.

Mes bons amis, je propose de tirer à pile ou face à qui passera le dernier.

VICHY.

Oui, oui, c'est une idée et une bonne.

SENSITIVE.

Moi, j'en ai une meilleure... Si nous ne nous battions pas du tout?... le danger serait alors bien moins grand.

ROCHEPELÉ.

Y pensez-vous!... Allons donc! des gandins!... des viveurs!...

SENSITIVE.

C'est justement parce que nous sommes des viveurs, que nous tenons à vivre... Vous êtes gentil, vous, Rochepelé!... Ce n'est pas vous qui vous battez... on le voit bien!... D'abord le duel n'est pas dans mes principes... c'est une chose immorale... contre nature... c'est un assassinat!...

VICHY *et* POMPAVOINE.

Oui, oui... il a raison.

SENSITIVE.

C'est défendu, d'ailleurs, par la loi... On passe en cour d'assises... vous savez?...

VICHY *et* POMPAVOINE.

Oui... oui!...

VICHY.

C'est un délit...

POMPAVOINE.

Respect à la loi!...

SCÈNE VIII

LES MÊMES, ZIDORE, CINQUANTE-CENTIMES. (*Ce dernier porte tout son arsenal.*)

ZIDORE, *se croisant les bras.*

Décidément, je crois que vous avez peur, mes gentilshommes?

TOUS.

Lui!

ZIDORE.

Vous reculez sur le terrain!...

POMPAVOINE.

Non... mais...

ZIDORE.

Vous espérez peut-être que je vais vous faire des excuses?

SENSITIVE, POMPAVOINE *et* VICHY.

Non... mais...

ZIDORE.

Sans doute alors vous êtes prêts à m'en adresser?

CINQUANTE-CENTIMES, *à part.*

Ils ne demandent que ça!...

SENSITIVE.

Non... mais...

ZIDORE.

Ah! vous persistez! Dans ce cas, battons-nous, morbleu!

POMPAVOINE.

Cependant, cher ami, voyons... pour une femme... pour une niaiserie.

ZIDORE.

Et vous appelez ça une niaiserie!

SENSITIVE.

Oh! c'est si peu de chose!

VICHY.

Un rien!... Et, franchement, nous avons eu tort de nous monter ainsi à propos de bagatelles...

POMPAVOINE.

Entre nous, nous avons été des gens ridicules...

SENSITIVE.

Des idiots!...

VICHY.

De vrais crétins!

ZIDORE, *riant.*

J'aime à voir que vous vous rendez justice!... Bref, vous vous repentez!...

SENSITIVE.

Pas positivement?... Non... Mais... nous avouons nos torts...

ZIDORE.

Morbleu!... allez-y donc carrément!... Sapristi! lâchez donc le mot! Vous avez peur!

TOUS.

Peur!

ZIDORE.

Il n'y a pas de mal à ça! j'accepte vos excuses... Voici ma main.

TOUS LES TROIS, *avec effusion.*

Ce cher ami!

ROCHEPELÉ, *à part.*

Trois duels!... plumez les canards! (*Il sort vivement.*)

SCÈNE IX

LES MÊMES, MOUCHAMIEL *et* CUNÉGONDE *dans le pavillon*, MAGNOLIA, PAIMPONDOR *et* POPELINE, *sortant du bosquet.*

MAGNOLIA, *aux deux femmes.*

Ah! les hommes! quelles poules mouillées!... Ils ont eu peur, les grands lâches!...

TOUS.

Ah!

MAGNOLIA, *prenant Sensitive au collet, tandis que Popeline et Paimpondor en font autant à Vichy et à Pompavoine.*

C'est donc comme ça que vous lavez votre joue!

SENSITIVE, POMPAVOINE *et* VICHY, *secoués par les femmes.*

Mais.

CHŒUR.

LES FEMMES.

Air.

Mais c'est de la démence!
De votre trahison
Nous obtiendrons vengeance.
Cela n'a pas de nom!
Non, non, non, non,
Cela n'a pas de nom!

LES HOMMES.

Mais c'est de la démence!
Et pour quelle raison?
Une telle violence
Vraiment n'a pas de nom!
Non, non, non, non,
Cela n'a pas de nom!

LES TROIS FEMMES.

C'est une horreur!

ZIDORE.

Calmez-vous, mes petites amies... Je suis vivant, c'est vrai, mais vos codicilles n'en restent pas moins bons.

LES TROIS FEMMES.

Ah!

ZIDORE.

Au lieu d'un testament, c'est une donation que vous avez dans les mains... Je ne retire rien de ce que j'ai promis.

LES TROIS FEMMES.

Vrai?

ZIDORE.

Parole! Tout à l'heure, je vous permettrai de briser les enveloppes...

MAGNOLIA, *lui sautant au cou.*

Oh! il ne s'est pas battu, quel bonheur!...

ZIDORE, *riant.*

Voyez-vous ça! Quel bon petit cœur...

MAGNOLIA.

On vous a fait des excuses!... On vous devait bien ça!...

SENSITIVE, *à part.*

Ah! qu'est-ce que j'éprouve?...

VICHY, *à part.*

L'émotion m'a remué!...

POMPAVOINE, *à part.*

Je me sens bien mal à mon aise...

SENSITIVE, *à part.*

Oh! oh! quels tiraillements! *(Il sort vivement.)*

MAGNOLIA, *à Zidore.*

Et pourrons-nous reparler mariage?...

ZIDORE.

Parlons-en! Je vous invite tous à ma noce!

TOUS.

Ah!

ZIDORE.

Oui, ma noce... avec une brave et jolie fille que vous n'avez pas pu enrôler dans votre quart de monde!

TOUS.

Hein?

ZIDORE.

Avec Pimprenelle!

TOUS.

Pimprenelle!

ZIDORE, *à Pimprenelle qui paraît sur la porte du restaurant.*

N'est-ce pas, ma gentille petite femme?

PIMPRENELLE.

Oui, mesdames!... *(Elles causent bas en groupe.)*

POMPAVOINE, *à Vichy.*

Mon ami!... mon ami!... j'ai comme des sueurs.—*(Il sort vivement.)*

VICHY.

Ah! ah! *(Il sort vivement.)*

MAGNOLIA.

Mais que se passe-t-il? Quelle mouche le pique?

PAIMPONDOR.

Pourquoi ces messieurs nous quittent-ils ainsi?

MOUCHAMIEL, *sortant du kiosque.*

Un instant!... je reviens! *(Il sort.)*

ZIDORE.

Mes petites chattes, voici, je crois, le moment de décacheter vos codicilles... *(Les trois femmes déchirent vivement les enveloppes.)*

CINQUANTE-CENTIMES, *à part.*

Deuxième botte!...

LES TROIS FEMMES.

Ah! quelle horreur!!!

MAGNOLIA.

Il me lègue sa médaille de commissionnaire...

PAIMPONDOR.

Son pantalon de velours...

POPELINE.

Sa casquette de titi...

ZIDORE, *riant.*

Touchants souvenirs qui vous seront précieux pour l'amour de moi...

LES TROIS FEMMES.

Le polisson!... C'est une indignité!...

ZIDORE.

C'est justice!... et je donne en dot à ma femme toute ma fortune.

PIMPRENELLE.

Je ne veux rien!

ZIDORE.

Si!... Quand nous serons mariés, c'est toi qui tiendras la bourse!... *(Les femmes forment un groupe à droite. Zidore à gauche cause avec Pimprenelle.)*

CUNÉGONDE, *paraissant à la fenêtre du kiosque.*

Que font-ils?

SENSITIVE, *rentrant pâle et défait et tombant sur une chaise.*

Ah! que je suis malade!...

CUNÉGONDE.

Alfred! lui! vivant!...

SENSITIVE.

Ah! Cunégonde! ma femme!... que n'es-tu là près de moi!...

CUNÉGONDE, *sortant du pavillon et allant à lui.*

J'y suis, Alfred!... j'y suis!... *(Mouchamiel paraît au fond et écoute.)*

SENSITIVE.

Elle!

LES FEMMES.

La Sensitive!...

CUNÉGONDE.

Alfred!... mon nom!... tu t'en souviens donc encore?

SENSITIVE.

Oui... oui!... Cunégonde... pardonne-moi tout le mal que je t'ai fait!...

CUNÉGONDE.

Oh! Fredo!... mon Fred... je te pardonne et je t'aime!...

MOUCHAMIEL, *tombant accablé sur un banc.*

Oh! tais-toi, mon cœur!... Cette femme ne m'a jamais aimé!...

MAGNOLIA.

Mais enfin, nous expliquera-t-on...

CINQUANTE-CENTIMES.

Rien... vous comprendrez tout à l'heure.

ZIDORE.

Mesdames et messieurs, je vous invite à mon repas de fiançailles...

MAGNOLIA.

On déjeune!... tout est pardonné!

PAIMPONDOR ET POPELINE.

Oui... oui...

MAGNOLIA.

Un verre de madère avant le déjeuner?

VICHY ET POMPAVOINE, *paraissant.*

Un madère! ça nous remettra!

CINQUANTE-CENTIMES.

Et c'est moi qui verse à ces dames. *(Il verse.)* La botte des Borgia!

ZIDORE.

Et après le déjeuner, adieu les Cocodès, et pour la dernière fois: Lâchez-moi le coude! A Chaillot!

TOUS.

A Chaillot!

ZIDORE.

AIR:

Si jamais un méchant osait
De notre pièce un peu folâtre
Vous dégoûter et vous disait:
Ne r'tournez pas à ce théâtre!
Public que j'idolâtre,
Réponds-lui par ce mot:
A Chaillot!
Lâchez-moi donc l'coude... A Chaillot!

TOUS.

A Chaillot! etc.

LES FEMMES.

La santé de Zidore! *(Tout le monde boit.)*

REPRISE DU CHŒUR.

FIN.

Paris.— Typ. Morris et Cie, rue Amelot, 64.